# Sommaire

**Introduction :**

1. Présentation de la bourse et son importance dans l'économie mondiale
2. Objectifs du livre
3. Comment utiliser ce livre

**Chapitre 1 : Les bases de la bourse**

1. Qu'est-ce que la bourse ?
2. Histoire de la bourse
3. Les principaux marchés boursiers mondiaux
4. Les acteurs de la bourse : investisseurs individuels, institutions, courtiers, régulateurs

**Chapitre 2 : Instruments financiers**

1. Actions
2. Obligations
3. Fonds communs de placement
4. ETFs (Exchange-Traded Funds)
5. Options et dérivés

**Chapitre 3 : Comprendre le fonctionnement des marchés**

1. Le mécanisme de l'offre et de la demande
2. Les ordres de bourse : ordres au marché, ordres limités, ordres stop
3. La volatilité et la liquidité
4. Les indices boursiers et leur rôle

**Chapitre 4 : Introduction au Trading Forex**

1. Qu'est-ce que le Forex ?
2. Les principales paires de devises
3. Les heures de trading du Forex
4. Le fonctionnement des taux de change
5. Facteurs influençant les taux de change

## Sommaire

**Chapitre 5 : Analyse technique**

1. Définition et principes de base de l'analyse technique
2. Les graphiques : types et interprétation
3. Les indicateurs techniques courants : RSI, MACD, moyennes mobiles
4. Les figures chartistes : triangles, têtes-épaules, double tops et bottoms
5. Stratégies de trading basées sur l'analyse technique

**Chapitre 6 : Analyse fondamentale**

1. Définition et principes de base de l'analyse fondamentale
2. Les états financiers : bilan, compte de résultat, tableau des flux de trésorerie
3. Les ratios financiers : PER, ROE, ROA, etc.
4. Analyse sectorielle et économique
5. Étude de cas : analyse fondamentale d'une entreprise

**Chapitre 7 : Stratégies d'investissement**

1. Investissement à long terme vs trading à court terme
2. Stratégies de diversification
3. La gestion du risque : stop-loss, take-profit, gestion du capital
4. L'investissement socialement responsable (ISR)
5. Le trading algorithmique et automatisé

**Chapitre 8 : Psychologie du trading et de l'investissement**

1. Les biais psychologiques : effet de disposition, biais de confirmation, etc.
2. L'importance de la discipline et de la patience
3. La gestion des émotions : peur, cupidité, stress
4. Comment développer une mentalité de trader/investisseur gagnant

## *Sommaire*

**Chapitre 9 : Outils et ressources pour les investisseurs**

1. Plateformes de trading et courtiers
2. Logiciels et applications de suivi des marchés
3. Sites web et publications financières
4. Communautés et forums d'investisseurs
5. Formation continue et certifications

**Chapitre 10 : Études de cas et analyses**

1. Exemples d'investissements réussis
2. Erreurs courantes et comment les éviter
3. Analyse de crises boursières historiques
4. Leçons tirées des grands traders et investisseurs

**Conclusion :**

1. Résumé des points clés
2. Conseils pour se lancer dans la bourse
3. Les tendances futures et les nouvelles opportunités
4. Encouragement à l'apprentissage continu et à la prudence

**Annexes :**

1. Glossaire des termes boursiers
2. Tableaux de références rapides (ratios financiers, figures chartistes, etc.)
3. Bibliographie et ressources supplémentaires
4. Index
5. Notes

*Ce livre n'est pas une recommandation sur ce que vous devriez faire personnellement, donc ne prenez pas ce livre comme des conseils en investissement. Comme pour tout trade, il faut toujours observer avant de se lancer. Bonne lecture !*

# Introduction

## Présentation de la bourse et son importance dans l'économie mondiale

La bourse, souvent perçue comme une arène complexe et réservée aux experts financiers, est en réalité un élément fondamental de l'économie mondiale. Elle joue un rôle crucial dans le fonctionnement des économies modernes en offrant un lieu où les entreprises peuvent lever des capitaux pour financer leur croissance et leurs projets, et où les investisseurs peuvent acheter et vendre des titres financiers tels que des actions et des obligations.

Les marchés boursiers permettent la mobilisation efficace des ressources financières. Lorsque les entreprises émettent des actions[1], elles vendent une partie de leur propriété à des investisseurs en échange de capitaux. Ces fonds peuvent ensuite être utilisés pour des investissements en recherche et développement, l'expansion des infrastructures, ou d'autres initiatives de croissance. De plus, la bourse permet aux entreprises d'accéder à un large éventail d'investisseurs, allant des individus aux grandes institutions financières, ce qui diversifie et sécurise leurs sources de financement.

Pour les investisseurs, la bourse offre la possibilité de participer à la croissance des entreprises et de l'économie dans son ensemble. En investissant dans des actions, les investisseurs peuvent obtenir des rendements potentiellement élevés, bien que cela s'accompagne de risques. Les obligations[2], quant à elles, offrent une source de revenu plus stable et moins risquée. La bourse permet aussi de diversifier les investissements, réduisant ainsi le risque global du portefeuille.

---

1. **Actions** : Titres de propriété représentant une fraction du capital d'une entreprise, donnant droit à une part des bénéfices et éventuellement à un droit de vote.
2. **Obligations** : Titres de créance émis par des entreprises ou des gouvernements, représentant une promesse de remboursement de la dette avec intérêts.

# Introduction

Sur le plan macroéconomique, la bourse joue un rôle clé dans la liquidité[3] des marchés financiers. La liquidité fait référence à la facilité avec laquelle un actif peut être acheté ou vendu sur le marché sans affecter son prix. Une forte liquidité est essentielle pour la stabilité des marchés financiers, car elle permet aux investisseurs de rapidement ajuster leurs positions en fonction des nouvelles informations économiques et des changements de conditions de marché.

En outre, la bourse reflète souvent l'état de santé de l'économie. Les indices boursiers[4], tels que le Dow Jones Industrial Average ou le CAC 40, sont fréquemment utilisés comme indicateurs de la performance économique globale. Des marchés boursiers en hausse signalent généralement une confiance des investisseurs dans la croissance économique, tandis que des marchés en baisse peuvent indiquer des préoccupations économiques.

Enfin, la bourse joue un rôle éducatif et informatif. Elle force les entreprises à être transparentes et à divulguer régulièrement des informations financières, ce qui permet aux investisseurs de prendre des décisions éclairées. Cette transparence contribue également à l'intégrité des marchés financiers et à la protection des investisseurs.

## Objectifs du livre

L'objectif principal de ce livre est de fournir une compréhension claire et approfondie du fonctionnement de la bourse, des instruments financiers, et des stratégies d'investissement, tant pour les débutants que pour les investisseurs plus expérimentés. Ce livre est conçu pour être une ressource complète qui guide le lecteur à travers les concepts fondamentaux et avancés de l'investissement boursier. Voici les principaux objectifs :

1. **Éduquer sur les Fondamentaux de la Bourse :**
   - Fournir une introduction complète sur ce qu'est la bourse, son histoire, et son importance dans l'économie mondiale.

---

1. **Liquidité** : Capacité à acheter ou vendre rapidement un actif sans affecter de manière significative son prix.
2. **Indice boursier** : Un indicateur composite qui mesure la performance d'un groupe de valeurs mobilières, souvent utilisé pour évaluer la santé et la direction générale d'un marché ou d'un secteur économique.

- Expliquer les différents types d'instruments financiers disponibles sur les marchés boursiers, tels que les actions, les obligations, les fonds communs de placement, les ETFs, et les dérivés.

2. **Démystifier le Fonctionnement des Marchés :**
   - Décrire le mécanisme de l'offre et de la demande et comment il influence les prix des actifs.
   - Expliquer les différents types d'ordres de bourse et leur utilisation.
   - Introduire les concepts de volatilité et de liquidité des marchés financiers.

3. **Introduire le Trading Forex :**
   - Présenter le marché des changes (Forex), ses particularités, et les principales paires de devises.
   - Détailler les facteurs influençant les taux de change et les stratégies de trading sur le Forex.

4. **Fournir une Introduction à l'Analyse Technique :**
   - Expliquer les principes de base de l'analyse technique, l'utilisation des graphiques, et les principaux indicateurs techniques.
   - Présenter les figures chartistes et les stratégies de trading basées sur l'analyse technique.

5. **Explorer l'Analyse Fondamentale :**
   - Définir l'analyse fondamentale et expliquer comment elle est utilisée pour évaluer la santé financière des entreprises.
   - Détailler l'analyse des états financiers et des ratios financiers.
   - Illustrer comment les analyses sectorielles et économiques peuvent influencer les décisions d'investissement.

6. **Développer des Stratégies d'Investissement :**
   - Comparer les approches d'investissement à long terme et de trading à court terme.
   - Proposer des stratégies de diversification et de gestion du risque.

## Introduction

- Introduire l'investissement socialement responsable (ISR) et le trading algorithmique.

7. **Aborder la Psychologie du Trading et de l'Investissement :**
   - Expliquer les biais psychologiques courants et leur impact sur les décisions d'investissement.
   - Fournir des conseils sur la gestion des émotions et le développement d'une discipline de trading.

8. **Fournir des Outils et Ressources Pratiques :**
   - Présenter les différentes plateformes de trading, logiciels, et applications de suivi des marchés.
   - Offrir une liste de sites web, publications financières, et communautés d'investisseurs pour un apprentissage continu.

9. **Illustrer avec des Études de Cas et des Analyses :**
   - Analyser des exemples concrets d'investissements réussis et d'erreurs courantes.
   - Étudier les crises boursières historiques et les leçons à en tirer.

10. **Encourager l'Apprentissage Continu et la Prudence :**
    - Résumer les points clés du livre et offrir des conseils pratiques pour se lancer dans la bourse.
    - Souligner l'importance de l'apprentissage continu et de la prudence dans les décisions d'investissement.

### Comment utiliser ce livre

Ce livre est conçu pour être une ressource complète et accessible pour les lecteurs de tous niveaux d'expérience, qu'ils soient débutants ou investisseurs expérimentés. Voici quelques conseils sur la meilleure façon d'utiliser ce livre pour maximiser votre apprentissage et tirer pleinement parti des informations présentées :

1. **Lire les Chapitres dans l'Ordre :**
   - Si vous êtes nouveau dans le monde de la bourse, il est recommandé de lire les chapitres dans l'ordre. Chaque chapitre est conçu pour construire sur les concepts introduits précédemment, vous guidant ainsi progressivement des bases aux stratégies plus avancées.
2. **Utiliser les Notes de Bas de Page :**
   - Les notes de bas de page fournissent des définitions et des explications supplémentaires pour les termes techniques et les concepts complexes. Assurez-vous de les consulter pour clarifier tout point que vous trouvez difficile à comprendre.
3. **Étudier les Schémas Explicatifs :**
   - Les schémas explicatifs inclus dans chaque chapitre sont essentiels pour visualiser les concepts abordés. Prenez le temps d'examiner attentivement chaque schéma, car ils offrent une représentation visuelle des idées clés.
4. **Pratiquer avec les Études de Cas et les Exercices :**
   - Les études de cas et les exemples pratiques à la fin de certains chapitres vous permettent de voir comment les concepts théoriques sont appliqués dans des situations réelles. Essayez de résoudre les exercices pour tester votre compréhension et renforcer vos compétences.
5. **Référencer les Annexes :**
   - Les annexes contiennent des ressources supplémentaires telles qu'un glossaire des termes boursiers et des tableaux de références rapides. Utilisez-les pour réviser rapidement les concepts ou pour trouver des informations spécifiques pendant votre lecture.

# Introduction

6. **Approfondir avec les Ressources Recommandées :**
   - Ce livre inclut des recommandations pour des sites web, des publications financières, et des communautés d'investisseurs. Utilisez ces ressources pour approfondir vos connaissances et rester à jour avec les dernières tendances et nouvelles du marché.

7. **Appliquer les Concepts à vos Propres Investissements :**
   - Dès que vous vous sentez à l'aise avec les concepts abordés, essayez de les appliquer à votre propre portefeuille d'investissement. Commencez par de petites transactions pour tester vos nouvelles compétences et stratégies.

8. **Participer à des Communautés d'Investisseurs :**
   - Rejoindre des forums et des groupes de discussion en ligne peut vous offrir un soutien précieux et des perspectives différentes. Partagez vos expériences et posez des questions pour apprendre des autres.

9. **Maintenir une Attitude d'Apprentissage Continu :**
   - Le monde de la bourse est en constante évolution. Utilisez ce livre comme une base solide, mais continuez à apprendre en suivant des cours, en lisant des publications spécialisées, et en participant à des séminaires et des webinaires.

10. **Revenir sur les Chapitres Clés :**
    - À mesure que vous gagnez en expérience, revenez sur les chapitres clés pour approfondir votre compréhension et ajuster vos stratégies d'investissement en fonction de vos nouvelles connaissances et de vos expériences sur le marché.

## Chapitre 1 : Les bases de la bourse

### Qu'est-ce que la bourse ?

La bourse, également connue sous le nom de marché boursier ou marché des valeurs mobilières, est un lieu où se rencontrent les acheteurs et les vendeurs de titres financiers tels que les actions, les obligations, et les produits dérivés. Elle joue un rôle central dans l'économie mondiale en facilitant l'échange de capitaux entre les entreprises et les investisseurs.

### Fonctionnement de la bourse

La bourse fonctionne comme un marché organisé où les titres financiers sont cotés et échangés. Les échanges peuvent se faire sur des bourses physiques, comme le New York Stock Exchange (NYSE), ou des plateformes électroniques, comme le NASDAQ. Les bourses modernes utilisent des systèmes informatisés sophistiqués pour gérer les transactions, assurer la transparence et maintenir la liquidité du marché.

Les entreprises qui souhaitent lever des fonds pour financer leur croissance ou d'autres projets peuvent émettre des actions ou des obligations et les vendre aux investisseurs via une offre publique initiale (IPO). Une fois que les titres sont émis, ils peuvent être achetés et vendus sur le marché secondaire, c'est-à-dire la bourse.

### Rôle de la bourse

1. **Levée de capitaux pour les entreprises** : En émettant des actions ou des obligations, les entreprises peuvent obtenir des fonds nécessaires pour investir dans de nouvelles technologies, étendre leurs opérations ou rembourser des dettes.

2. **Opportunités d'investissement** : La bourse offre aux investisseurs individuels et institutionnels une variété de possibilités pour investir leur argent et potentiellement obtenir des rendements. Les investisseurs peuvent acheter des actions pour participer à la croissance des entreprises ou des obligations pour obtenir des revenus stables.

## Chapitre 1

3. **Liquidité du marché** : La bourse assure la liquidité, ce qui signifie que les investisseurs peuvent acheter et vendre des titres rapidement et facilement sans provoquer de grandes fluctuations de prix. Cela rend les investissements plus attrayants et réduit le risque de ne pas pouvoir vendre un titre.

4. **Évaluation continue des entreprises** : Grâce à la cotation des actions et des obligations, la bourse permet une évaluation continue des entreprises par le marché. Les prix des actions reflètent les attentes des investisseurs quant aux performances futures des entreprises.

5. **Transparence et régulation** : Les bourses et les régulateurs imposent des exigences de divulgation aux entreprises cotées, ce qui assure la transparence et aide les investisseurs à prendre des décisions informées. Les régulateurs supervisent également les activités du marché pour prévenir les fraudes et les manipulations.

## Histoire de la bourse

La bourse a une longue et fascinante histoire qui remonte à plusieurs siècles. Comprendre l'évolution des marchés boursiers permet de mieux apprécier leur rôle actuel et leur importance dans l'économie mondiale. Voici un aperçu des principales étapes de l'histoire de la bourse.

### Les débuts : Les premières formes de commerce

Les premières formes de commerce organisé remontent à l'Antiquité. Dans l'Empire romain, par exemple, il existait des forums où les commerçants se rencontraient pour échanger des marchandises. Cependant, les véritables ancêtres des marchés boursiers modernes sont apparus au Moyen Âge en Europe.

1. **Les foires de commerce** : Aux XIIe et XIIIe siècles, des foires de commerce se tenaient régulièrement dans des villes comme Bruges, Anvers, et Gênes. Ces foires permettaient aux marchands de se rencontrer et de négocier des contrats de commerce et des lettres de change, qui sont des promesses de paiement à une date future.

# Chapitre 1

2. **Les premières actions** : Au XVIe siècle, des entreprises comme la Compagnie des Indes orientales néerlandaise (VOC) ont commencé à émettre des actions pour financer leurs expéditions commerciales. Les investisseurs pouvaient acheter des parts de ces entreprises et recevoir une partie des profits.

## Les premières bourses : Du XVIIe au XIXe siècle

3. **La Bourse d'Amsterdam** : En 1602, la VOC[1] a créé la première bourse officielle à Amsterdam. La Bourse d'Amsterdam est considérée comme la première bourse moderne où les actions pouvaient être achetées et vendues régulièrement. Les investisseurs pouvaient se rencontrer dans un lieu dédié pour échanger des actions et des obligations.

4. **La Bourse de Londres** : La Bourse de Londres a été fondée en 1698. Elle est rapidement devenue l'une des principales bourses du monde, facilitant le commerce des actions de compagnies maritimes et autres entreprises.

5. **La Bourse de Paris** : La Bourse de Paris a été créée en 1724, suivant le modèle de ses homologues européennes. Elle a joué un rôle crucial dans le financement des entreprises françaises et dans le développement économique de la France.

## L'essor des marchés boursiers : Du XIXe au XXe siècle

6. **La Bourse de New York (NYSE)** : Fondée en 1792 par l'accord de Buttonwood[2], la Bourse de New York est devenue la principale bourse des États-Unis. Au cours du XIXe siècle, elle a connu une croissance rapide grâce à l'industrialisation et à l'expansion économique des États-Unis.

---

1. **Compagnie des Indes orientales néerlandaise (VOC)** : Première entreprise à émettre des actions cotées en bourse, fondée en 1602.
2. **Accord de Buttonwood** : Accord signé en 1792 par 24 courtiers et marchands sous un platane (buttonwood tree) à Wall Street, marquant la création de la Bourse de New York.

## Chapitre 1

7. **La crise de 1929** : Le krach boursier de 1929 a marqué une période sombre dans l'histoire de la bourse. Le marché boursier américain s'est effondré, entraînant une crise économique mondiale connue sous le nom de Grande Dépression. Cet événement a conduit à des réformes importantes, comme la création de la Securities and Exchange Commission (SEC) pour réguler les marchés financiers.
8. **L'ère moderne** : Au cours du XXe siècle, les marchés boursiers ont continué à se développer avec l'avènement de la technologie. L'informatique et les télécommunications ont transformé les échanges boursiers, permettant des transactions en temps réel et l'émergence de nouvelles formes de trading, comme le trading algorithmique.

### Les marchés boursiers aujourd'hui

Aujourd'hui, les marchés boursiers sont des composantes essentielles de l'économie mondiale. Ils facilitent le flux de capitaux et permettent aux entreprises de lever des fonds pour financer leur croissance. Les principales bourses mondiales, telles que le NYSE, le NASDAQ, la Bourse de Londres, et la Bourse de Tokyo, jouent un rôle crucial dans le système financier international.

Les investisseurs ont désormais accès à une multitude d'outils et de ressources pour participer aux marchés boursiers, qu'il s'agisse de plateformes de trading en ligne, d'analyses techniques et fondamentales, ou de conseils financiers professionnels.

### Les principaux marchés boursiers mondiaux

Les marchés boursiers jouent un rôle crucial dans le financement des entreprises et l'allocation des ressources économiques à l'échelle mondiale. Voici une présentation des principaux marchés boursiers mondiaux, leur histoire, leur importance et leurs caractéristiques uniques.

#### 1. New York Stock Exchange (NYSE)

**Lieu** : New York, États-Unis
**Fondation** : 1792
**Indice principal** : Dow Jones Industrial Average (DJIA), S&P 500

**Description :**

Le NYSE est le plus grand marché boursier au monde en termes de capitalisation boursière totale des entreprises cotées. Situé à Wall Street, il est souvent considéré comme le centre névralgique des marchés financiers mondiaux. Le NYSE utilise un système de "crieurs publics" pour exécuter les ordres, bien que la plupart des transactions soient désormais automatisées.

### 2. NASDAQ

**Lieu :** New York, États-Unis
**Fondation :** 1971
**Indice principal :** NASDAQ Composite, NASDAQ-100
**Description :**

Le NASDAQ est connu pour sa forte concentration de sociétés technologiques et d'innovation, notamment des géants comme Apple, Microsoft, et Amazon. Il s'agit d'un marché entièrement électronique, ce qui permet des transactions rapides et efficaces.

### 3. Bourse de Tokyo (TSE)

**Lieu :** Tokyo, Japon
**Fondation :** 1878
**Indice principal :** Nikkei 225, TOPIX
**Description :**

La Bourse de Tokyo est l'une des plus grandes bourses d'Asie et du monde. Elle joue un rôle central dans l'économie japonaise et abrite de nombreuses grandes entreprises japonaises comme Toyota, Sony, et SoftBank. Le TSE est également connu pour son rôle dans le développement des marchés boursiers en Asie.

### 4. London Stock Exchange (LSE)

**Lieu :** Londres, Royaume-Uni
**Fondation :** 1698
**Indice principal :** FTSE 100

## Chapitre 1

**Description** :

La Bourse de Londres est l'une des plus anciennes et des plus respectées bourses au monde. Elle est un centre financier majeur pour l'Europe et attire des entreprises de tous les continents. Le FTSE 100 est l'indice de référence qui regroupe les 100 plus grandes capitalisations boursières[1] du LSE.

### 5. Shanghai Stock Exchange (SSE)

**Lieu** : Shanghai, Chine
**Fondation** : 1990
**Indice principal** : SSE Composite
**Description** :
La Bourse de Shanghai est l'une des principales bourses de Chine et joue un rôle clé dans le financement de l'économie chinoise en plein essor. Elle est en pleine croissance et attire de plus en plus d'investisseurs étrangers. Le SSE Composite est l'indice principal, couvrant toutes les actions cotées à la SSE.

### 6. Euronext

**Lieu** : Multiple (Amsterdam, Bruxelles, Dublin, Lisbonne, Milan, Oslo, Paris)
**Fondation** : 2000 (fusion de plusieurs bourses européennes)
**Indice principal** : Euronext 100, CAC 40
**Description** :
Euronext est une bourse paneuropéenne résultant de la fusion de plusieurs bourses nationales européennes. Elle offre une plateforme unique pour la négociation d'actions, de produits dérivés et d'obligations. Le CAC 40, basé à Paris, est l'un des indices les plus suivis d'Euronext.

---

1. **Capitalisation boursière** : La valeur totale des actions en circulation d'une entreprise cotée en bourse.

## 7. Hong Kong Stock Exchange (HKEX)

**Lieu** : Hong Kong, Chine
**Fondation** : 1891
**Indice principal** : Hang Seng Index
**Description** :
La Bourse de Hong Kong est l'une des plus importantes bourses d'Asie et un portail crucial pour les investisseurs étrangers cherchant à investir en Chine. Le Hang Seng Index est l'indice principal et est souvent utilisé comme un baromètre de la santé économique de Hong Kong et de la Chine.

## 8. BSE (Bombay Stock Exchange)

**Lieu** : Mumbai, Inde
**Fondation** : 1875
**Indice principal** : SENSEX
**Description** :
La Bourse de Bombay est la plus ancienne bourse d'Asie et joue un rôle central dans l'économie indienne. Le SENSEX est l'indice phare, regroupant 30 des plus grandes et des plus actives entreprises cotées à la BSE.

## 9. Toronto Stock Exchange (TSX)

**Lieu** : Toronto, Canada
**Fondation** : 1852
**Indice principal** : S&P/TSX Composite Index
**Description** :
La Bourse de Toronto est la principale bourse du Canada et l'un des plus grands marchés boursiers en Amérique du Nord. Elle est particulièrement connue pour ses nombreuses entreprises du secteur des ressources naturelles et de l'énergie.

## 10. Australian Securities Exchange (ASX)

**Lieu** : Sydney, Australie
**Fondation** : 1987 (fusion de plusieurs bourses australiennes)
**Indice principal** : S&P/ASX 200

## Chapitre 1

**Description :**

La Bourse australienne est un marché important pour les entreprises australiennes et de la région Asie-Pacifique. Le S&P/ASX 200 est l'indice de référence qui suit les performances des 200 plus grandes entreprises cotées à l'ASX.

**Les acteurs de la bourse : investisseurs individuels, institutions, courtiers, régulateurs**

Les marchés boursiers sont animés par une variété d'acteurs qui jouent des rôles distincts mais interconnectés, contribuant à la liquidité, à la transparence et au bon fonctionnement global du marché financier. Voici un aperçu des principaux acteurs de la bourse :

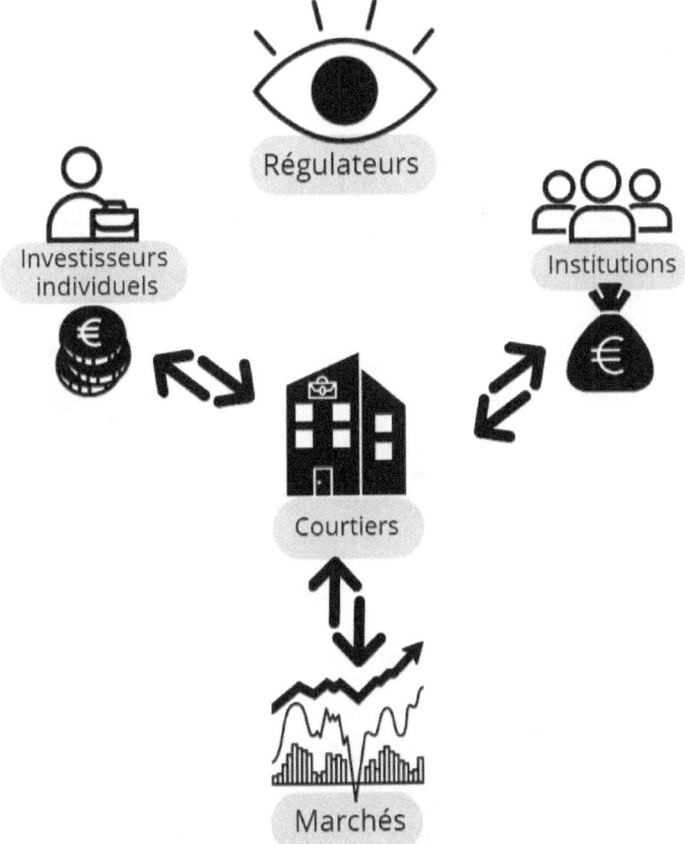

Ce schéma représente les principaux acteurs du marché boursier et leur rôle respectif.

## 1. Investisseurs individuels

Les investisseurs individuels sont des particuliers qui achètent et vendent des titres financiers pour leur propre compte. Ils représentent une composante essentielle du marché boursier, apportant une diversité d'objectifs d'investissement et de stratégies.

- **Caractéristiques** : Les investisseurs individuels peuvent être des épargnants cherchant à faire croître leur capital à long terme, des traders actifs réalisant des opérations à court terme pour profiter des fluctuations de prix, ou des investisseurs débutants cherchant à apprendre et à investir dans le marché boursier.
- **Rôle** : Ils contribuent à la liquidité en achetant et vendant des actions sur le marché. Leurs décisions d'investissement sont influencées par des facteurs tels que l'analyse financière, les nouvelles économiques et les conseils d'experts.

## 2. Institutions financières

Les institutions financières regroupent une variété d'entités telles que les fonds de pension, les compagnies d'assurance, les fonds d'investissement et les banques d'investissement. Elles gèrent des montants importants de capitaux et jouent un rôle clé dans le marché boursier.

- **Caractéristiques** : Les institutions financières investissent souvent des fonds provenant de tiers, comme les épargnants et les assurés. Elles ont souvent des objectifs d'investissement à long terme, cherchant à maximiser les rendements tout en gérant les risques.
- **Rôle** : Elles apportent une stabilité au marché en investissant de manière stratégique dans divers secteurs et industries. Leurs transactions peuvent être de grande envergure, affectant parfois la direction des prix des actions.

## 3. Courtiers

Les courtiers sont des intermédiaires financiers qui facilitent l'achat et la vente de titres financiers entre les investisseurs individuels, les institutions et d'autres parties sur le marché boursier. Ils jouent un rôle crucial en fournissant des plateformes de trading, des conseils d'investissement et une exécution rapide des ordres.

# Chapitre 1

- **Caractéristiques** : Les courtiers peuvent être des entreprises ou des individus autorisés à effectuer des transactions sur les bourses. Ils opèrent souvent avec des commissions ou des frais pour leurs services, et certains offrent également des services de recherche et d'analyse.
- **Rôle** : Ils assurent la fluidité du marché en permettant aux investisseurs d'accéder aux opportunités d'investissement et en facilitant l'exécution rapide des ordres d'achat et de vente. Les courtiers sont régulés pour assurer la transparence et la sécurité des transactions.

## 4. Régulateurs

Les régulateurs sont des organismes gouvernementaux ou indépendants chargés de superviser et de réguler les activités du marché boursier. Leur rôle est crucial pour assurer l'intégrité, la transparence et l'équité des marchés financiers.

- **Caractéristiques** : Les régulateurs établissent des règles et des normes pour les participants au marché, surveillent les activités des courtiers, des entreprises cotées en bourse et des investisseurs, et appliquent des sanctions en cas de non-conformité.
- **Rôle** : Ils protègent les investisseurs en s'assurant que les informations financières sont précises et que les pratiques de marché sont justes. Ils jouent un rôle crucial dans la prévention de la fraude, de la manipulation de marché et d'autres activités illégales.

Ensemble, ces acteurs forment l'écosystème complexe mais essentiel des marchés boursiers mondiaux. Leur interaction contribue à façonner les dynamiques du marché, influençant les prix des actions, la confiance des investisseurs et la stabilité économique globale.

Le processus par lequel une transaction boursière est effectuée, depuis la décision initiale d'achat ou de vente jusqu'à la finalisation de la transaction sur le marché.

*Chapitre 1*

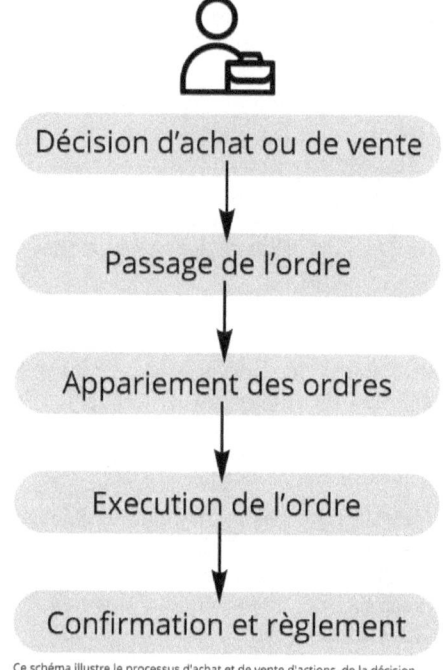

Ce schéma illustre le processus d'achat et de vente d'actions, de la décision d'investissement à la finalisation de la transaction.

**Explication du processus**

Lorsqu'un investisseur prend la décision d'acheter ou de vendre des actions, il déclenche un processus complexe mais structuré qui assure l'efficacité et la transparence des transactions sur les marchés boursiers.

1. **Décision d'achat/de vente** : Tout commence par la décision d'un investisseur d'acheter ou de vendre des actions. Cette décision est souvent basée sur une analyse approfondie des données financières, des tendances du marché et des objectifs d'investissement personnel.
2. **Passage de l'ordre** : Une fois la décision prise, l'investisseur passe un ordre d'achat ou de vente à travers un courtier. Les courtiers sont des intermédiaires qui facilitent la transaction entre l'acheteur et le vendeur sur le marché boursier.

## Chapitre 1

3. **Appariement des ordres** : Sur la bourse, les ordres d'achat et de vente sont appariés électroniquement. L'ordre d'achat est apparié avec un ordre de vente correspondant, généralement au meilleur prix disponible, assurant ainsi l'efficacité du processus d'exécution.
4. **Exécution de l'ordre** : Une fois les ordres appariés, la transaction est exécutée. Cela signifie que les actions sont transférées du vendeur à l'acheteur, et l'ordre est rempli au prix convenu lors de l'appariement.
5. **Confirmation et règlement** : Enfin, la transaction est confirmée par le courtier, qui informe l'investisseur des détails de l'exécution. Le règlement financier et la livraison des actions ont lieu conformément aux règles et délais établis par les régulateurs et les systèmes de règlement.

Ce processus est crucial pour assurer la transparence et la sécurité des transactions sur les marchés boursiers, permettant aux investisseurs d'acheter et de vendre des titres de manière efficiente et équitable. Les avancées technologiques ont considérablement accéléré ces processus, facilitant ainsi une plus grande participation au marché et une meilleure gestion des risques pour les participants.

En comprenant ces étapes clés, les investisseurs peuvent prendre des décisions éclairées et naviguer efficacement dans le monde dynamique de l'investissement boursier.

# Chapitre 2 : Instruments financiers

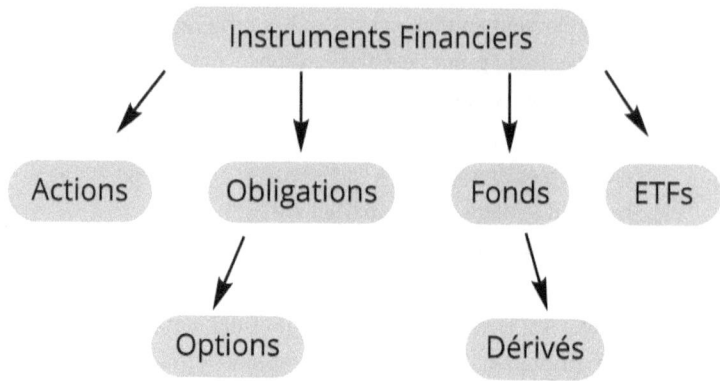

Ce schéma représente la classification des différents types d'instruments financiers.

## Actions

Les actions sont des titres de propriété représentant une fraction du capital d'une entreprise. Acheter des actions signifie devenir copropriétaire de l'entreprise et bénéficier potentiellement de ses succès futurs. Voici un aperçu détaillé des actions et de leur importance dans les marchés financiers :

### Définition

Une action est un titre de propriété émis par une entreprise pour lever des capitaux. Les détenteurs d'actions, appelés actionnaires, ont droit à une part des bénéfices de l'entreprise, souvent sous forme de dividendes, et peuvent également bénéficier de l'appréciation de la valeur des actions. En d'autres termes, acheter des actions signifie acquérir une part de propriété dans une entreprise, ce qui confère à l'investisseur des droits financiers et parfois des droits de gouvernance.

- **Droits financiers** : Les actionnaires ont droit à une part des bénéfices de l'entreprise, distribuée sous forme de dividendes. La distribution de dividendes dépend de la politique de l'entreprise et de ses résultats financiers.
- **Droits de gouvernance** : Les actionnaires ordinaires ont généralement le droit de vote lors des assemblées générales, où ils peuvent voter sur des questions importantes comme l'élection du conseil d'administration et les décisions stratégiques majeures.

## Chapitre 2

**Types d'actions**

Il existe deux principaux types d'actions :

1. **Actions ordinaires :**
   - **Droits de vote** : Les actions ordinaires confèrent généralement un droit de vote par action détenue, permettant aux actionnaires de participer à la gouvernance de l'entreprise.
   - **Dividendes** : Les détenteurs d'actions ordinaires reçoivent des dividendes, mais uniquement après que les dividendes des actions préférentielles ont été payés. Les dividendes des actions ordinaires peuvent varier en fonction des bénéfices de l'entreprise.
   - **Risque** : Les actionnaires ordinaires sont les derniers à être remboursés en cas de liquidation de l'entreprise, après les créanciers et les détenteurs d'actions préférentielles.
2. **Actions préférentielles :**
   - **Priorité sur les dividendes** : Les actions préférentielles donnent une priorité sur les dividendes, ce qui signifie que les détenteurs reçoivent des paiements avant les actionnaires ordinaires. Les dividendes des actions préférentielles sont souvent fixes et réguliers.
   - **Absence de droits de vote** : Les actions préférentielles ne confèrent généralement pas de droits de vote, ou offrent des droits de vote limités.
   - **Sécurité relative** : En cas de liquidation de l'entreprise, les détenteurs d'actions préférentielles sont prioritaires par rapport aux actionnaires ordinaires pour le remboursement du capital investi.

## Risques et avantages

Investir dans des actions comporte à la fois des avantages potentiels et des risques :

**Avantages :**

- **Potentiel de rendement élevé** : Les actions peuvent offrir des rendements élevés grâce à l'appréciation du prix des actions et aux dividendes. Les entreprises en croissance rapide peuvent voir leur valeur augmenter de manière significative, offrant des gains substantiels aux actionnaires.
- **Partage des bénéfices** : Les actionnaires ont droit à une part des bénéfices de l'entreprise sous forme de dividendes. Certaines entreprises versent régulièrement des dividendes, fournissant un revenu passif aux investisseurs.
- **Droits de gouvernance** : Les actionnaires ordinaires ont le droit de vote sur des questions importantes concernant la gestion de l'entreprise, ce qui leur permet d'influencer les décisions stratégiques et la direction future de l'entreprise.

**Risques :**

- **Volatilité des prix** : La valeur des actions peut fluctuer considérablement en fonction des performances de l'entreprise, des conditions économiques générales, et des événements géopolitiques. Les investisseurs peuvent subir des pertes si le prix des actions baisse.
- **Risque de marché** : Les actions sont soumises aux risques de marché, y compris les risques économiques, politiques, et de marché spécifiques à l'industrie. Des événements imprévus peuvent entraîner des pertes substantielles.
- **Risque de liquidité** : Dans certains cas, il peut être difficile de vendre des actions rapidement sans affecter leur prix, surtout pour les actions de petites entreprises ou dans des marchés peu liquides.

## Conclusion

Les actions représentent un moyen puissant pour les investisseurs de participer à la croissance et aux bénéfices des entreprises. Bien que les actions puissent offrir des rendements élevés, elles comportent également des risques significatifs. Il est crucial pour les investisseurs de comprendre ces risques et de diversifier leurs portefeuilles pour gérer efficacement leur exposition aux fluctuations du marché.

## Chapitre 2

## Obligations

Les obligations sont des titres de créance émis par des entreprises, des gouvernements ou d'autres entités pour lever des fonds. Contrairement aux actions, les obligations représentent une dette que l'émetteur doit rembourser à l'investisseur avec des intérêts. Voici un aperçu détaillé des obligations et de leur rôle dans les marchés financiers :

### Définition

Une obligation est un prêt consenti par un investisseur à une entreprise ou à un gouvernement, en échange duquel l'émetteur s'engage à verser des intérêts périodiques (appelés coupons) et à rembourser le principal à l'échéance. Les détenteurs d'obligations, appelés obligataires, reçoivent des paiements d'intérêts réguliers jusqu'à la date de maturité, où le montant principal est remboursé.

- **Coupons** : Les intérêts payés sur une obligation sont appelés coupons. Ceux-ci sont généralement versés de manière semestrielle ou annuelle.
- **Échéance** : La durée jusqu'à laquelle l'obligation doit être remboursée est appelée échéance ou maturité. Elle peut varier de quelques mois à plusieurs décennies.

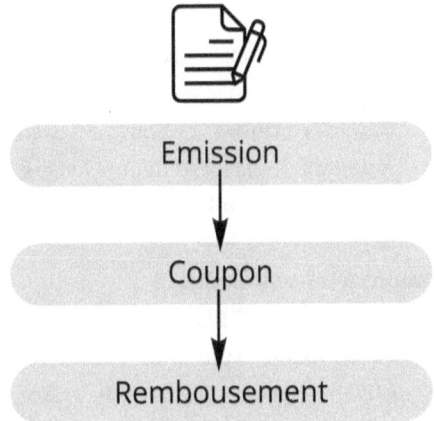

Ce schéma illustre le cycle de vie d'une obligation

### Types d'obligations

Il existe plusieurs types d'obligations, chacune ayant des caractéristiques spécifiques en fonction de l'émetteur et des conditions du marché :

1. **Obligations d'État :**
   - **Définition** : Émises par les gouvernements nationaux pour financer leurs dépenses publiques.
   - **Caractéristiques** : Considérées comme parmi les investissements les plus sûrs, surtout les obligations des pays économiquement stables, car elles sont soutenues par la capacité du gouvernement à lever des impôts.
   - **Exemples** : Bons du Trésor (États-Unis), Bunds (Allemagne), OAT (France).
2. **Obligations d'entreprise :**
   - **Définition** : Émises par des sociétés pour financer leurs projets d'expansion, opérations courantes, ou autres besoins de capitaux.
   - **Caractéristiques** : Offrent généralement des rendements plus élevés que les obligations d'État pour compenser le risque de crédit plus élevé.
   - **Classes** : Peuvent être classées selon leur qualité de crédit (investment grade, high yield/junk bonds).
3. **Obligations municipales :**
   - **Définition** : Émises par des collectivités locales (villes, régions) pour financer des projets d'infrastructure et autres initiatives locales.
   - **Caractéristiques** : Souvent exemptes d'impôts fédéraux et parfois d'impôts locaux, ce qui les rend attrayantes pour les investisseurs résidant dans ces régions.
4. **Obligations à taux variable :**
   - **Définition** : Obligations dont les coupons varient en fonction d'un taux de référence, comme le LIBOR ou le taux des bons du Trésor.
   - **Caractéristiques** : Protègent les investisseurs contre les variations des taux d'intérêt.
5. **Obligations zéro coupon :**
   - **Définition** : Obligations vendues à un prix inférieur à leur valeur nominale et qui ne paient pas de coupons réguliers.

## Chapitre 2

- **Caractéristiques** : La différence entre le prix d'achat et la valeur nominale à maturité représente le rendement pour l'investisseur.

### Risques et avantages

Les obligations offrent des avantages spécifiques ainsi que des risques qu'il est important de comprendre :

**Avantages :**

- **Revenu stable** : Les obligations fournissent des paiements d'intérêts réguliers, ce qui peut constituer une source de revenu fiable pour les investisseurs.
- **Moins volatile que les actions** : Les obligations sont généralement moins volatiles que les actions, offrant une certaine stabilité au portefeuille de l'investisseur.
- **Priorité en cas de liquidation** : En cas de faillite de l'émetteur, les obligataires sont remboursés avant les actionnaires, réduisant ainsi le risque de perte totale.
- **Diversification** : Les obligations peuvent diversifier un portefeuille d'investissements, aidant à répartir et à gérer les risques.

**Risques :**

- **Risque de crédit** : Il s'agit du risque que l'émetteur ne puisse pas honorer ses paiements d'intérêts ou rembourser le principal à l'échéance. Ce risque est plus élevé pour les obligations d'entreprise de moindre qualité (junk bonds).
- **Risque de taux d'intérêt** : Les prix des obligations fluctuent en fonction des taux d'intérêt du marché. Lorsque les taux d'intérêt augmentent, la valeur des obligations existantes diminue.
- **Risque de réinvestissement** : Les investisseurs peuvent avoir à réinvestir les coupons à des taux inférieurs si les taux d'intérêt baissent.
- **Risque d'inflation** : L'inflation peut éroder le pouvoir d'achat des paiements d'intérêts et du principal remboursé.

### Conclusion

Les obligations jouent un rôle crucial dans la construction de portefeuilles équilibrés en offrant des revenus réguliers et une certaine stabilité par rapport aux actions. Toutefois, comme tout investissement, elles comportent des risques qu'il est essentiel de comprendre et de gérer. En diversifiant leurs investissements entre différents types d'obligations et en prenant en compte les facteurs de risque, les investisseurs peuvent tirer parti des avantages des obligations tout en minimisant les inconvénients.

## Fonds communs de placement

Les fonds communs de placement sont des instruments financiers qui permettent à de nombreux investisseurs de mettre en commun leurs ressources pour investir dans un portefeuille diversifié de titres. Ils offrent aux investisseurs une façon simple et efficace de diversifier leurs investissements et de bénéficier de la gestion professionnelle. Voici un aperçu détaillé des fonds communs de placement et de leur importance dans les marchés financiers :

**Définition**

Un fonds commun de placement collecte des fonds auprès de nombreux investisseurs pour acheter un portefeuille diversifié de titres, tels que des actions, des obligations, ou d'autres instruments financiers. La gestion du fonds est assurée par des professionnels qui prennent des décisions d'investissement en fonction des objectifs du fonds.

- **Gestion professionnelle** : Les fonds communs de placement sont gérés par des gestionnaires de portefeuille professionnels, qui sélectionnent les titres et prennent des décisions d'achat et de vente pour atteindre les objectifs du fonds.
- **Diversification** : En investissant dans un fonds commun de placement, les investisseurs bénéficient d'une diversification instantanée, car leurs fonds sont répartis sur de nombreux titres différents.

**Types de fonds**

Il existe plusieurs types de fonds communs de placement, chacun ayant des objectifs et des stratégies d'investissement différents :

1. **Fonds d'actions :**
    - **Définition** : Investis principalement en actions de sociétés.
    - **Objectif** : Chercher à obtenir une croissance du capital à long terme.

## Chapitre 2

- **Caractéristiques** : Peuvent être spécialisés par secteur (technologie, santé, etc.), par région géographique (États-Unis, Europe, marchés émergents) ou par style d'investissement (valeur, croissance).

2. **Fonds obligataires :**
   - **Définition** : Investis principalement en obligations.
   - **Objectif** : Générer un revenu stable tout en préservant le capital.
   - **Caractéristiques** : Peuvent se concentrer sur des obligations d'État, des obligations d'entreprise, ou des obligations à haut rendement (junk bonds).

3. **Fonds équilibrés :**
   - **Définition** : Combinaison d'actions et d'obligations dans un même portefeuille.
   - **Objectif** : Offrir un équilibre entre la croissance du capital et le revenu stable.
   - **Caractéristiques** : La proportion d'actions et d'obligations peut varier en fonction de la stratégie du fonds.

4. **Fonds de marché monétaire :**
   - **Définition** : Investis en instruments à court terme, comme les bons du Trésor et les certificats de dépôt.
   - **Objectif** : Préserver le capital tout en offrant un revenu modeste.
   - **Caractéristiques** : Considérés comme des investissements très sûrs avec des rendements faibles.

5. **Fonds sectoriels :**
   - **Définition** : Investis dans un secteur spécifique de l'économie, comme la technologie, la santé ou l'énergie.
   - **Objectif** : Profiter des opportunités de croissance dans des secteurs particuliers.

- **Caractéristiques** : Peuvent être plus volatils que les fonds diversifiés en raison de leur concentration sectorielle.
6. **Fonds indiciels :**
   - **Définition** : Suivent un indice de référence, comme le S&P 500.
   - **Objectif** : Répliquer la performance de l'indice de référence.
   - **Caractéristiques** : Généralement moins coûteux à gérer et avec des frais de gestion plus bas par rapport aux fonds gérés activement.

**Risques et avantages**

Les fonds communs de placement offrent divers avantages, mais comportent aussi des risques spécifiques :

**Avantages :**

- **Diversification** : Réduisent le risque en investissant dans un large éventail de titres.
- **Gestion professionnelle** : Les investisseurs bénéficient de l'expertise des gestionnaires de fonds professionnels.
- **Accessibilité** : Permettent aux investisseurs individuels d'accéder à une gestion de portefeuille professionnelle avec un investissement initial relativement faible.
- **Liquidité** : Les parts des fonds communs de placement peuvent généralement être achetées ou vendues à la valeur liquidative (VL) du fonds à la fin de chaque jour de bourse.

**Risques :**

- **Risque de marché** : La valeur des parts du fonds peut fluctuer en fonction des performances des titres sous-jacents.
- **Frais de gestion** : Les frais de gestion et autres coûts associés peuvent réduire les rendements des investisseurs.
- **Risque de sous-performance** : Les fonds gérés activement peuvent sous-performer leurs indices de référence en raison de mauvaises décisions de gestion.
- **Risque de liquidité** : Bien que les fonds soient généralement liquides, dans des conditions de marché extrêmes, il peut être difficile de vendre rapidement les parts du fonds sans affecter leur valeur.

## Conclusion

Les fonds communs de placement sont des outils précieux pour les investisseurs cherchant à diversifier leurs portefeuilles et à bénéficier d'une gestion professionnelle. Ils offrent une gamme de stratégies d'investissement pour répondre aux différents objectifs et tolérances au risque des investisseurs. En comprenant les différents types de fonds et les risques associés, les investisseurs peuvent faire des choix éclairés pour atteindre leurs objectifs financiers à long terme.

## ETFs (Exchange-Traded Funds)

Les ETFs (Exchange-Traded Funds) sont des fonds d'investissement cotés en bourse qui combinent les caractéristiques des actions et des fonds communs de placement. Ils permettent aux investisseurs d'acheter des parts de portefeuilles diversifiés qui suivent un indice, un secteur ou une stratégie spécifique. Voici un aperçu détaillé des ETFs et de leur rôle dans les marchés financiers :

### Définition

Un ETF est un fonds d'investissement qui suit la performance d'un indice, d'un secteur, d'une marchandise ou d'une autre classe d'actifs. Contrairement aux fonds communs de placement traditionnels, les ETFs se négocient sur les marchés boursiers, de la même manière que les actions individuelles.

- **Négociation en bourse** : Les ETFs se négocient sur les bourses comme les actions, avec des prix qui fluctuent tout au long de la journée de négociation.
- **Portefeuille diversifié** : Les ETFs permettent aux investisseurs d'acheter une part d'un portefeuille diversifié, réduisant ainsi le risque spécifique à une action ou un titre individuel.

### Types d'ETFs

Il existe plusieurs types d'ETFs, chacun ayant des objectifs et des stratégies d'investissement spécifiques :

1. **ETFs indiciels :**
    - **Définition** : Suivent un indice de référence, comme le S&P 500, le NASDAQ-100, ou le CAC 40.

- **Objectif** : Répliquer la performance de l'indice de référence.
- **Caractéristiques** : Offrent une diversification immédiate et sont généralement moins coûteux que les fonds gérés activement.

2. **ETFs sectoriels** :
   - **Définition** : Investis dans des actions d'un secteur spécifique, comme la technologie, la santé ou l'énergie.
   - **Objectif** : Profiter des opportunités de croissance dans des secteurs particuliers.
   - **Caractéristiques** : Peuvent être plus volatils que les ETFs diversifiés en raison de leur concentration sectorielle.

3. **ETFs obligataires** :
   - **Définition** : Investis dans un portefeuille d'obligations.
   - **Objectif** : Fournir un revenu stable et une diversification par rapport aux actions.
   - **Caractéristiques** : Peuvent se concentrer sur des obligations d'État, des obligations d'entreprise ou des obligations à haut rendement (junk bonds).

4. **ETFs de matières premières** :
   - **Définition** : Suivent la performance des matières premières comme l'or, le pétrole, ou les métaux précieux.
   - **Objectif** : Offrir une exposition directe aux prix des matières premières.
   - **Caractéristiques** : Peuvent être utilisés pour se couvrir contre l'inflation ou pour diversifier un portefeuille.

5. **ETFs à gestion active** :
   - **Définition** : Gérés activement par des gestionnaires de portefeuille qui sélectionnent les titres pour atteindre des objectifs spécifiques.

## Chapitre 2

- **Objectif** : Battre la performance d'un indice de référence ou atteindre d'autres objectifs d'investissement.
- **Caractéristiques** : Ont généralement des frais de gestion plus élevés que les ETFs passifs.

6. **ETFs inversés et à effet de levier** :
   - **Définition** : Conçus pour fournir des rendements inversés ou amplifiés par rapport à un indice de référence.
   - **Objectif** : Les ETFs inversés cherchent à obtenir l'inverse de la performance d'un indice, tandis que les ETFs à effet de levier cherchent à amplifier les rendements (par exemple, 2x ou 3x la performance de l'indice).
   - **Caractéristiques** : Utilisés principalement par des traders à court terme pour spéculer ou se couvrir. Ils comportent des risques plus élevés et des frais de gestion plus élevés.

### Risques et avantages

Les ETFs offrent de nombreux avantages, mais comportent également des risques qu'il est essentiel de comprendre :

**Avantages :**

- **Diversification** : Permet d'obtenir une exposition à un portefeuille diversifié avec une seule transaction.
- **Liquidité** : Les ETFs se négocient sur les bourses et peuvent être achetés ou vendus à tout moment pendant les heures de marché.
- **Frais réduits** : Les ETFs indiciels et passifs ont généralement des frais de gestion plus bas que les fonds communs de placement gérés activement.
- **Transparence** : La composition des ETFs est généralement publiée quotidiennement, offrant une grande transparence aux investisseurs.
- **Accessibilité** : Les ETFs permettent aux investisseurs individuels d'accéder à des classes d'actifs et à des stratégies d'investissement autrement difficiles d'accès.

## Risques :

- **Risque de marché** : La valeur des ETFs fluctue en fonction des performances des titres sous-jacents et des conditions du marché.
- **Risque de liquidité** : Bien que les ETFs soient généralement liquides, certains ETFs spécialisés ou de niche peuvent avoir des volumes de négociation plus faibles.
- **Risque de suivi** : Il peut y avoir un écart entre la performance de l'ETF et celle de l'indice qu'il suit, en raison de frais de gestion, de coûts de transaction, et d'autres facteurs.
- **Risque associé aux ETFs à effet de levier et inversés** : Ces ETFs comportent des risques supplémentaires et sont souvent destinés aux investisseurs expérimentés en raison de leur nature spéculative et de leurs potentiels effets de levier.

## Conclusion

Les ETFs sont des instruments financiers polyvalents qui offrent aux investisseurs une manière pratique et efficace de diversifier leurs portefeuilles et d'accéder à diverses stratégies d'investissement. En comprenant les différents types d'ETFs et les risques associés, les investisseurs peuvent tirer parti des avantages des ETFs tout en minimisant les risques. Ils sont particulièrement adaptés aux investisseurs cherchant à obtenir une exposition large à des marchés ou à des secteurs spécifiques avec une seule transaction.

## Options et Dérivés

Les options et autres dérivés sont des instruments financiers complexes utilisés par les investisseurs pour gérer les risques, spéculer sur les mouvements de prix, et améliorer le rendement de leurs portefeuilles. Voici un aperçu détaillé des options et des dérivés, ainsi que de leur rôle dans les marchés financiers :

### Options

Les options sont des contrats financiers qui donnent à l'acheteur le droit, mais non l'obligation, d'acheter ou de vendre un actif sous-jacent à un prix spécifié avant ou à la date d'échéance du contrat.

## Chapitre 2

**Définition**

- **Option d'achat (call)** : Donne à l'acheteur le droit d'acheter l'actif sous-jacent à un prix d'exercice (strike price) fixé avant une date d'expiration spécifique.
- **Option de vente (put)** : Donne à l'acheteur le droit de vendre l'actif sous-jacent à un prix d'exercice fixé avant une date d'expiration spécifique.

**Types d'options**

1. **Options américaines :**
   - **Définition** : Peuvent être exercées à tout moment avant la date d'expiration.
   - **Caractéristiques** : Offrent plus de flexibilité à l'acheteur.
2. **Options européennes :**
   - **Définition** : Ne peuvent être exercées qu'à la date d'expiration.
   - **Caractéristiques** : Généralement moins coûteuses que les options américaines en raison de leur flexibilité réduite.

**Risques et avantages des options**

**Avantages :**

- **Levier** : Les options permettent de contrôler une grande position avec un investissement initial relativement faible.
- **Flexibilité** : Peuvent être utilisées pour diversifier les stratégies d'investissement, notamment la couverture, la spéculation, et la génération de revenus.
- **Risque limité pour l'acheteur** : L'acheteur d'une option risque uniquement la prime payée pour l'option.

**Risques :**

- **Risque élevé pour le vendeur** : Le vendeur d'une option peut encourir des pertes illimitées (pour les options d'achat) ou des pertes substantielles (pour les options de vente).
- **Expiration** : Les options ont une date d'expiration, et leur valeur peut se dégrader rapidement à mesure que cette date approche, en particulier pour les options hors de la monnaie (out-of-the-money).

## Dérivés

Les dérivés sont des instruments financiers dont la valeur dépend d'un ou plusieurs actifs sous-jacents, comme des actions, des obligations, des indices, des taux d'intérêt, ou des matières premières. Les dérivés les plus courants incluent les contrats à terme (futures), les contrats d'options, les swaps, et les contrats à terme sur indices.

### Types de dérivés

1. **Contrats à terme (futures)** :
   - **Définition** : Contrats obligatoires pour acheter ou vendre un actif à une date future spécifique à un prix prédéterminé.
   - **Caractéristiques** : Utilisées principalement pour la couverture et la spéculation. Les contrats à terme sont standardisés et négociés sur des bourses.
2. **Swaps** :
   - **Définition** : Contrats dans lesquels deux parties échangent des flux de trésorerie ou d'autres actifs financiers.
   - **Types courants** : Swaps de taux d'intérêt, swaps de devises, swaps sur défaut de crédit (CDS).
   - **Caractéristiques** : Utilisées principalement pour la gestion des risques liés aux taux d'intérêt et aux devises.
3. **Contrats à terme sur indices (forwards)** :
   - **Définition** : Contrats personnalisés entre deux parties pour acheter ou vendre un actif à une date future à un prix prédéterminé.
   - **Caractéristiques** : Non standardisés et négociés de gré à gré (OTC). Souvent utilisés par les institutions financières pour la couverture des risques spécifiques.

## Chapitre 2

**Risques et avantages des dérivés**

**Avantages :**

- **Couverture** : Les dérivés peuvent être utilisés pour couvrir les risques associés à d'autres positions, réduisant ainsi l'exposition globale au risque.
- **Accès aux marchés** : Permettent d'accéder à divers marchés et actifs sous-jacents avec des coûts initiaux relativement faibles.
- **Levier** : Comme les options, les dérivés permettent de contrôler une grande position avec un investissement initial réduit.

**Risques :**

- **Complexité** : Les dérivés sont souvent complexes et peuvent être difficiles à comprendre et à gérer pour les investisseurs non expérimentés.
- **Risque de contrepartie** : Dans les transactions de gré à gré, il existe un risque que l'autre partie ne respecte pas ses obligations contractuelles.
- **Effet de levier** : Bien que le levier puisse amplifier les gains, il peut également amplifier les pertes, ce qui peut entraîner des pertes substantielles ou illimitées.

Les options et autres dérivés sont des outils puissants pour les investisseurs avertis cherchant à diversifier leurs stratégies, gérer les risques, et tirer parti des opportunités de marché. Toutefois, en raison de leur complexité et des risques associés, il est crucial que les investisseurs comprennent pleinement leur fonctionnement et leurs implications avant de les intégrer à leurs portefeuilles. Une gestion prudente et une évaluation continue des risques sont essentielles pour utiliser ces instruments efficacement.

# Chapitre 3 : Comprendre le fonctionnement des marchés

## Le Mécanisme de l'Offre et de la Demande

Le mécanisme de l'offre et de la demande est au cœur de l'économie de marché et joue un rôle essentiel dans la détermination des prix sur les marchés financiers. Ce mécanisme permet d'équilibrer les intérêts des acheteurs et des vendeurs, influençant ainsi les fluctuations de prix et les volumes de transactions.

**Définition**

- **Offre** : La quantité d'un bien ou d'un service que les vendeurs sont prêts à vendre à différents prix. Sur les marchés financiers, cela se traduit par la quantité d'actions, d'obligations ou d'autres actifs financiers disponibles à la vente.
- **Demande** : La quantité d'un bien ou d'un service que les acheteurs sont prêts à acheter à différents prix. Pour les actifs financiers, cela représente la quantité que les investisseurs souhaitent acquérir.

**Prix d'Équilibre**

Le prix d'équilibre est le point où la quantité offerte et la quantité demandée se rencontrent. À ce prix, le marché est en équilibre, c'est-à-dire que la quantité de biens ou de services que les vendeurs souhaitent vendre est égale à la quantité que les acheteurs souhaitent acheter.

- **Graphique** : Un graphique typique de l'offre et de la demande montre la courbe d'offre (croissante) et la courbe de demande (décroissante) se croisant au point d'équilibre.

# Chapitre 3

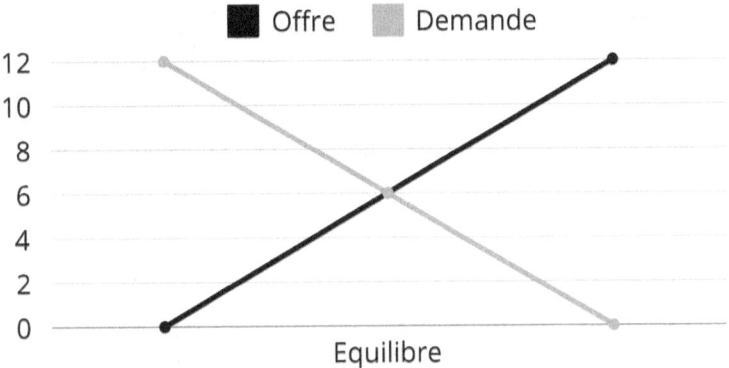

Ce schéma représente graphiquement l'offre et la demande sur les marchés boursiers.

## Fonctionnement du Mécanisme

1. **Excès de Demande (Pénurie)** : Lorsque le prix est inférieur au prix d'équilibre, la quantité demandée dépasse la quantité offerte. Cela crée une pression à la hausse sur les prix, incitant les vendeurs à augmenter leurs prix et/ou les acheteurs à réduire leur demande, jusqu'à ce que l'équilibre soit atteint.
2. **Excès d'Offre (Surplus)** : Lorsque le prix est supérieur au prix d'équilibre, la quantité offerte dépasse la quantité demandée. Cela crée une pression à la baisse sur les prix, incitant les vendeurs à réduire leurs prix et/ou les acheteurs à augmenter leur demande, jusqu'à ce que l'équilibre soit atteint.

## Facteurs Influant sur l'Offre et la Demande

Plusieurs facteurs peuvent influencer les courbes d'offre et de demande, provoquant des déplacements de ces courbes et des variations du prix d'équilibre.

## Facteurs Affectant la Demande

- **Revenus des consommateurs** : Une augmentation des revenus des consommateurs peut augmenter la demande pour certains biens et services, y compris les actifs financiers.
- **Préférences des consommateurs** : Les changements dans les goûts ou les préférences peuvent affecter la demande. Par exemple, une entreprise innovante peut voir une augmentation de la demande pour ses actions.

- **Anticipations** : Les attentes concernant les prix futurs peuvent influencer la demande actuelle. Si les investisseurs s'attendent à ce que le prix d'un actif augmente, ils peuvent acheter davantage maintenant.
- **Prix des Biens Substituts et Compléments** : Le prix des biens similaires ou complémentaires peut affecter la demande. Par exemple, une hausse des taux d'intérêt peut réduire la demande pour les actions.

### Facteurs Affectant l'Offre

- **Coûts de production** : Une augmentation des coûts de production peut réduire l'offre. Dans les marchés financiers, cela pourrait correspondre à des coûts accrus pour émettre de nouvelles actions ou obligations.
- **Technologie** : Les avancées technologiques peuvent augmenter l'offre en réduisant les coûts de production ou en améliorant l'efficacité.
- **Nombre de vendeurs** : Une augmentation du nombre de vendeurs sur le marché peut augmenter l'offre.
- **Anticipations** : Les attentes concernant les prix futurs peuvent également influencer l'offre. Si les producteurs s'attendent à une augmentation des prix, ils peuvent retenir leur offre actuelle pour vendre plus tard à un prix plus élevé.

### Exemple Pratique : Marché des Actions

Pour illustrer le mécanisme de l'offre et de la demande sur le marché des actions, considérons une entreprise cotée en bourse qui annonce des résultats financiers exceptionnels.

1. **Annonce des Résultats** : L'entreprise annonce une augmentation significative de ses bénéfices.
2. **Impact sur la Demande** : Les investisseurs s'attendent à ce que les bénéfices futurs continuent de croître, augmentant ainsi la demande pour les actions de cette entreprise.
3. **Pression sur le Prix** : En raison de la demande accrue, le prix des actions commence à augmenter.
4. **Réponse de l'Offre** : Les détenteurs actuels d'actions peuvent être incités à vendre pour réaliser leurs gains, augmentant ainsi l'offre.
5. **Nouvel Équilibre** : Le prix continue d'augmenter jusqu'à ce que l'offre supplémentaire des vendeurs soit équilibrée par la demande accrue des acheteurs.

## Conclusion

Le mécanisme de l'offre et de la demande est un concept fondamental pour comprendre les dynamiques des marchés financiers. Il explique comment les prix sont déterminés et comment ils peuvent fluctuer en réponse à divers facteurs économiques, financiers, et comportementaux. Une compréhension approfondie de ce mécanisme permet aux investisseurs de prendre des décisions éclairées et d'anticiper les mouvements du marché.

## Les Ordres de Bourse : Ordres au Marché, Ordres Limités, Ordres Stop

Pour investir efficacement sur les marchés financiers, il est crucial de comprendre les différents types d'ordres de bourse disponibles. Chaque type d'ordre offre des avantages et des inconvénients spécifiques en termes de rapidité d'exécution, de contrôle des prix et de gestion des risques.

### Ordres au Marché

**Définition**

Un ordre au marché est une instruction donnée à un courtier pour acheter ou vendre un actif financier immédiatement au meilleur prix disponible sur le marché.

**Fonctionnement**

Lorsque vous passez un ordre au marché, l'ordre est exécuté instantanément au prix courant, quel que soit ce prix. Cela garantit que l'ordre sera exécuté rapidement, mais le prix exact d'exécution n'est pas garanti et peut varier, surtout dans un marché volatile.

**Avantages**

- **Rapidité d'exécution** : Les ordres au marché sont exécutés immédiatement, ce qui est crucial lorsque la rapidité est plus importante que le prix exact.
- **Simplicité** : Ils sont faciles à comprendre et à utiliser, même pour les investisseurs novices.

**Inconvénients**

- **Manque de contrôle sur le prix** : Le prix d'exécution peut être différent du prix attendu, particulièrement en périodes de forte volatilité.
- **Slippage** : Le prix de l'actif peut changer entre le moment où l'ordre est passé et le moment où il est exécuté, entraînant une différence (slippage) qui peut être défavorable.

## Ordres Limités

**Définition**

Un ordre limité est une instruction donnée à un courtier pour acheter ou vendre un actif financier à un prix spécifié ou meilleur.

**Fonctionnement**

Avec un ordre limité, vous définissez un prix limite auquel vous êtes prêt à acheter ou vendre l'actif. L'ordre ne sera exécuté que si le marché atteint ou dépasse ce prix limite. Cela vous donne plus de contrôle sur le prix d'exécution, mais il n'y a aucune garantie que l'ordre sera exécuté si le marché n'atteint pas ce prix.

**Avantages**

- **Contrôle du prix** : Vous pouvez spécifier le prix exact auquel vous êtes prêt à acheter ou vendre, évitant ainsi les surprises de prix.
- **Réduction du slippage** : En spécifiant un prix limite, vous évitez les fluctuations imprévues du marché qui pourraient affecter négativement le prix d'exécution.

**Inconvénients**

- **Risque de non-exécution** : Si le prix limite n'est pas atteint, l'ordre peut ne jamais être exécuté, ce qui peut entraîner des opportunités manquées.
- **Complexité accrue** : Les investisseurs doivent évaluer et choisir un prix limite approprié, ce qui peut être plus compliqué que de simplement passer un ordre au marché.

## Chapitre 3

## Ordres Stop

### Définition

Un ordre stop est une instruction donnée à un courtier pour acheter ou vendre un actif financier une fois que son prix atteint un niveau spécifié, appelé prix stop. Il existe deux principaux types d'ordres stop : les ordres stop de vente et les ordres stop d'achat.

### Types d'Ordres Stop

#### Ordre Stop de Vente (Stop Loss)

- **Définition** : Un ordre stop de vente devient un ordre au marché lorsque le prix de l'actif atteint ou descend en dessous du prix stop. Il est utilisé pour limiter les pertes sur une position longue.
- **Fonctionnement** : Par exemple, si vous possédez une action à 100 € et placez un ordre stop de vente à 90 €, l'ordre sera exécuté comme un ordre au marché si le prix descend à 90 € ou moins.
- **Avantages** : Protection contre des pertes importantes.
- **Inconvénients** : L'ordre peut être exécuté à un prix inférieur au prix stop en raison de la volatilité, entraînant des pertes supplémentaires.

#### Ordre Stop d'Achat

- **Définition** : Un ordre stop d'achat devient un ordre au marché lorsque le prix de l'actif atteint ou dépasse le prix stop. Il est utilisé pour entrer sur le marché dans une position courte ou pour protéger une position courte.
- **Fonctionnement** : Par exemple, si vous voulez acheter une action actuellement à 100 € une fois qu'elle atteint 110 €, vous placez un ordre stop d'achat à 110 €. Si le prix atteint ce niveau, l'ordre est exécuté comme un ordre au marché.
- **Avantages** : Permet de suivre une tendance de prix et d'acheter une action une fois qu'elle dépasse un niveau de résistance.
- **Inconvénients** : Comme pour l'ordre stop de vente, il peut y avoir du slippage et l'ordre peut être exécuté à un prix supérieur au prix stop.

## Comparaison des Ordres de Bourse

| Type d'Ordre | Avantages | Inconvénients |
|---|---|---|
| Ordre au Marché | Exécution rapide, simplicité | Manque de contrôle sur le prix, slippage potentiel |
| Ordre Limité | Contrôle du prix, réduction du slippage | Risque de non-exécution, complexité accrue |
| Ordre Stop | Protection contre les pertes, entrée sur le marché clair | Slippage, exécution à des prix inattendus |

### Conclusion

La compréhension des différents types d'ordres de bourse et de leurs caractéristiques est essentielle pour gérer efficacement vos investissements. Choisir le bon type d'ordre en fonction de vos objectifs et de votre tolérance au risque peut améliorer considérablement vos performances sur les marchés financiers. Que vous recherchiez une exécution rapide, un contrôle précis des prix, ou une protection contre les pertes, il existe un type d'ordre adapté à chaque situation.

## La Volatilité et la Liquidité

Comprendre la volatilité et la liquidité est crucial pour naviguer sur les marchés financiers, car ces concepts influencent directement les risques et les opportunités associés aux investissements.

### La Volatilité

#### Définition

La volatilité mesure l'ampleur des fluctuations des prix d'un actif financier sur une période donnée. Elle est souvent utilisée comme un indicateur du risque associé à un actif particulier.

- **Volatilité historique** : Basée sur les variations passées des prix d'un actif.
- **Volatilité implicite** : Estimation de la volatilité future basée sur les prix des options et autres dérivés.

# Chapitre 3

## Types de Volatilité

1. **Volatilité historique** : Calcule les fluctuations passées des prix d'un actif en analysant les données historiques.
2. **Volatilité implicite** : Déduite des prix actuels des options, elle reflète les attentes du marché quant aux mouvements futurs des prix.

## Mesure de la Volatilité

- **Écart-type** : La mesure la plus courante de la volatilité, représentant la dispersion des prix autour de leur moyenne.
- **Indice VIX** : Souvent appelé "indice de la peur", il mesure la volatilité implicite du marché en se basant sur les options du S&P 500.

## Impact de la Volatilité

- **Rendement** : Une volatilité élevée peut offrir des opportunités de rendements élevés en raison des fluctuations importantes des prix.
- **Risque** : Une volatilité élevée indique un risque plus élevé, car les prix peuvent changer de manière significative sur de courtes périodes, entraînant des gains ou des pertes substantiels.

## Exemples de Volatilité

- **Actions technologiques** : Souvent plus volatiles en raison de l'innovation rapide et des changements de marché.
- **Actions de services publics** : Généralement moins volatiles en raison de la stabilité de la demande pour les services de base.

## La Liquidité

### Définition

La liquidité mesure la facilité avec laquelle un actif peut être acheté ou vendu sur le marché sans affecter significativement son prix. Un marché liquide est caractérisé par un volume élevé de transactions et de faibles écarts entre les prix acheteur et vendeur.

# Chapitre 3

**Types de Liquidité**

1. **Liquidité des actifs** : Facilité avec laquelle un actif spécifique peut être converti en espèces.
2. **Liquidité du marché** : Degré auquel un marché permet d'acheter ou de vendre des actifs rapidement et à des prix stables.

**Mesure de la Liquidité**

- **Volume de transactions** : Un volume élevé indique généralement une liquidité élevée.
- **Écart entre le prix acheteur et le prix vendeur** : Un écart faible indique une forte liquidité.

**Impact de la Liquidité**

- **Coûts de transaction** : Des coûts plus bas sont associés à une liquidité plus élevée, car il est plus facile de trouver des contreparties pour les transactions.
- **Volatilité** : Une faible liquidité peut entraîner une volatilité accrue, car de grandes transactions peuvent avoir un impact significatif sur les prix.

**Exemples de Liquidité**

- **Actions de grandes capitalisations** : Généralement très liquides en raison de leur volume élevé de transactions.
- **Actions de petites capitalisations** : Souvent moins liquides, ce qui peut entraîner des écarts de prix plus importants et une volatilité accrue.

**Comparaison entre Volatilité et Liquidité**

| Caractéristique | Volatilité | Liquidité |
|---|---|---|
| Définition | Mesure des fluctuations des prix d'un actif | Mesure de la facilité de conversion d'un actif en espèces |
| Mesure | Écart-type, indice VIX | Volume de transactions, écart acheteur/vendeur |

# Chapitre 3

| Impact | Rendements potentiellement élevés mais risque accru | Coûts de transaction plus bas, volatilité réduite |
|---|---|---|
| Exemple | Actions technologiques (volatilité élevée) | Actions de grandes capitalisations (liquidité élevée) |

## Conclusion

La volatilité et la liquidité sont des concepts interdépendants mais distincts qui jouent un rôle crucial dans la gestion des investissements. La volatilité offre des opportunités de rendements élevés mais avec un risque accru, tandis que la liquidité facilite les transactions et réduit les coûts. Une compréhension approfondie de ces concepts permet aux investisseurs de prendre des décisions éclairées et d'optimiser leur portefeuille en fonction de leur tolérance au risque et de leurs objectifs financiers.

## Les Indices Boursiers et Leur Rôle

Les indices boursiers sont des indicateurs clés des performances des marchés financiers et jouent un rôle crucial dans l'évaluation des tendances économiques et financières. Ils sont utilisés par les investisseurs, les gestionnaires de fonds, et les analystes pour évaluer la performance du marché dans son ensemble ou de certains segments spécifiques.

### Définition et Structure des Indices Boursiers

### Définition

Un indice boursier est une mesure statistique de la performance d'un groupe spécifique d'actions. Il est calculé à partir des prix des actions qui composent l'indice. Les indices peuvent représenter la performance de l'ensemble du marché, d'un secteur particulier, ou d'une classe d'actifs spécifique.

### Types d'Indices

1. **Indices globaux** : Représentent la performance des marchés boursiers mondiaux. Exemple : MSCI World Index.
2. **Indices nationaux** : Représentent la performance des marchés boursiers d'un pays spécifique. Exemple : S&P 500 (États-Unis), CAC 40 (France).

3. **Indices sectoriels** : Représentent la performance d'un secteur particulier. Exemple : NASDAQ Biotechnology Index.
4. **Indices de style** : Représentent des styles d'investissement particuliers comme les valeurs de croissance ou les valeurs de rendement. Exemple : Russell 2000 Growth Index.

**Méthodes de Pondération**

1. **Pondération par capitalisation boursière** : Les actions sont pondérées en fonction de leur capitalisation boursière. Exemple : S&P 500.
2. **Pondération égale** : Chaque action a le même poids dans l'indice, indépendamment de sa capitalisation. Exemple : S&P 500 Equal Weight Index.
3. **Pondération par prix** : Les actions sont pondérées en fonction de leur prix. Exemple : Dow Jones Industrial Average.

**Rôle des Indices Boursiers**

**Indicateurs de la Santé Économique**

Les indices boursiers sont souvent utilisés comme baromètres de l'économie. Une hausse des indices peut indiquer une économie en croissance, tandis qu'une baisse peut signaler une récession.

- **S&P 500** : Considéré comme l'un des meilleurs indicateurs de la santé économique des États-Unis, car il comprend 500 des plus grandes entreprises américaines.
- **Nikkei 225** : Indicateur clé de la performance économique du Japon.

**Référence pour les Investissements**

Les indices boursiers servent de points de référence (benchmarks) pour évaluer la performance des portefeuilles d'investissement.

- **Gestion passive** : Les fonds indiciels et les ETF (fonds négociés en bourse) visent à reproduire la performance d'un indice boursier spécifique.
- **Gestion active** : Les gestionnaires de fonds comparent la performance de leur portefeuille à celle d'un indice de référence pour mesurer leur succès.

# Chapitre 3

## Outils de Diversification

Les indices permettent aux investisseurs d'obtenir une exposition diversifiée à un marché ou à un secteur particulier sans avoir à acheter chaque action individuellement.

- **ETF basés sur des indices** : Offrent une diversification instantanée à faible coût.
- **Fonds indiciels** : Fournissent une exposition large et diversifiée avec des frais de gestion réduits.

## Base pour les Produits Dérivés

Les indices servent de base pour divers produits dérivés, tels que les contrats à terme et les options, permettant aux investisseurs de spéculer sur la direction future des marchés ou de se protéger contre les risques.

- **Contrats à terme sur indices** : Permettent de spéculer sur la performance future d'un indice ou de se couvrir contre les fluctuations du marché.
- **Options sur indices** : Offrent des possibilités de couverture et de levier financier.

## Exemples d'Indices Boursiers Importants

1. **S&P 500** : Composé de 500 grandes entreprises américaines, il est un indicateur clé de la performance du marché boursier américain.
2. **Dow Jones Industrial Average (DJIA)** : Comprend 30 grandes entreprises américaines et est pondéré par les prix des actions.
3. **NASDAQ Composite** : Lourdement orienté vers les entreprises technologiques, il comprend plus de 3 000 actions.
4. **FTSE 100** : Regroupe les 100 plus grandes entreprises cotées à la Bourse de Londres.
5. **Nikkei 225** : Comprend 225 grandes entreprises cotées à la Bourse de Tokyo, pondérées par les prix des actions.

## Conclusion

Les indices boursiers sont des outils essentiels pour comprendre et analyser les marchés financiers. Ils fournissent des indications précieuses sur la santé économique, servent de points de référence pour les investissements, offrent des opportunités de diversification, et sous-tendent une variété de produits dérivés. Une connaissance approfondie des indices boursiers et de leur rôle permet aux investisseurs de mieux naviguer dans le monde complexe des marchés financiers et de prendre des décisions plus éclairées.

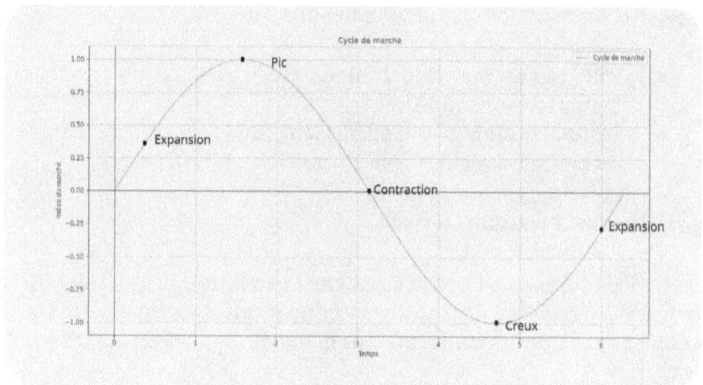

Ce schéma montre les phases du marché : expansion, pic, contraction, creux.

- **Expansion** : Période pendant laquelle l'économie croît, les revenus augmentent, et les marchés boursiers connaissent généralement une hausse.
- **Pic** : Point culminant de l'expansion économique avant le début d'une contraction. Les prix des actifs atteignent leur niveau maximal.
- **Contraction** : Période de ralentissement économique où les revenus et la production diminuent, entraînant une baisse des marchés boursiers.
- **Creux** : Point le plus bas de la contraction avant le début d'une nouvelle expansion. C'est souvent considéré comme un bon moment pour acheter des actifs sous-évalués.

**Conclusion**

Les indices boursiers sont des outils essentiels pour comprendre et analyser les marchés financiers. Ils fournissent des indications précieuses sur la santé économique, servent de points de référence pour les investissements, offrent des opportunités de diversification, et sous-tendent une variété de produits dérivés.

## Chapitre 3

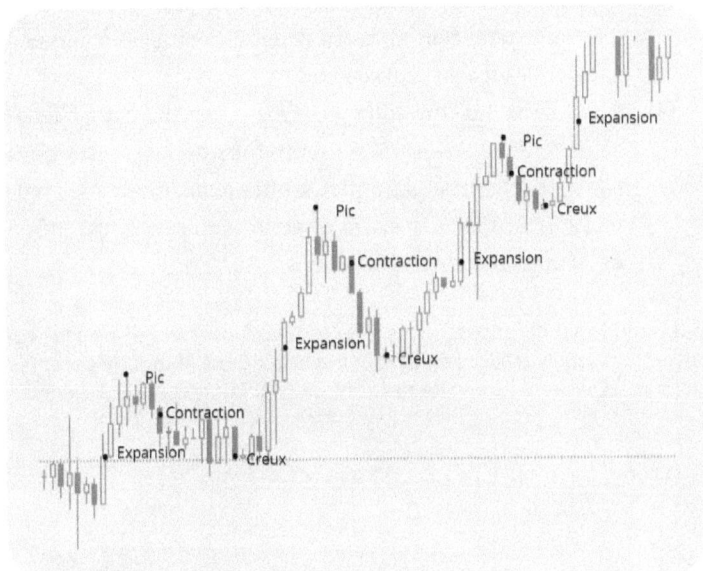

**XAU/USD**

1. **Indications sur la Santé Économique** : En surveillant les mouvements des indices boursiers, les investisseurs et les économistes peuvent obtenir des indications sur la santé globale de l'économie. Par exemple, une hausse soutenue des indices boursiers peut suggérer une période de croissance économique, tandis qu'une baisse prolongée peut indiquer une récession.

2. **Références pour les Investissements** : Les indices boursiers servent de benchmarks pour évaluer la performance des portefeuilles d'investissement. Les fonds indiciels et les ETF, qui visent à reproduire la performance d'un indice spécifique, permettent aux investisseurs de bénéficier de la croissance des marchés avec des frais de gestion réduits.

3. **Outils de Diversification** : En investissant dans des produits basés sur des indices, les investisseurs peuvent obtenir une exposition diversifiée à un large éventail d'actions, réduisant ainsi les risques spécifiques à une seule entreprise ou à un seul secteur.

4. **Base pour les Produits Dérivés** : Les indices boursiers sous-tendent une variété de produits dérivés, tels que les contrats à terme et les options, offrant aux investisseurs des moyens de spéculer sur la direction future des marchés ou de se protéger contre les risques.

Une connaissance approfondie des indices boursiers et de leur rôle permet aux investisseurs de mieux naviguer dans le monde complexe des marchés financiers et de prendre des décisions plus éclairées.

## Chapitre 4 : Introduction au Trading Forex

### Qu'est-ce que le Forex ?

Le marché des changes, communément appelé Forex (Foreign Exchange), est le plus grand et le plus liquide marché financier au monde. Il est spécifiquement dédié à l'achat et à la vente de devises étrangères. Contrairement à la plupart des autres marchés financiers, le Forex est décentralisé et fonctionne sans une bourse centralisée. Au lieu de cela, les transactions de devises se font de gré à gré (over-the-counter), ce qui signifie qu'elles sont exécutées directement entre les participants via des réseaux électroniques, sans l'intervention d'une bourse formelle.

### Définition

Le Forex est un marché où les participants peuvent échanger une devise contre une autre à des taux de change flottants. Ces taux de change sont déterminés par l'offre et la demande sur le marché mondial. Les participants incluent :

- **Banques commerciales et centrales** : Les banques centrales utilisent le Forex pour ajuster leurs réserves de devises, tandis que les banques commerciales effectuent des transactions pour le compte de leurs clients.
- **Institutions financières** : Incluent des gestionnaires de fonds, des compagnies d'assurance, et des fonds de pension qui cherchent à diversifier leurs portefeuilles et à gérer le risque de change.
- **Entreprises multinationales** : Effectuent des transactions sur le Forex pour payer des biens et des services dans différents pays et pour rapatrier des profits.
- **Traders individuels** : Spéculent sur les fluctuations des taux de change à court terme pour réaliser des bénéfices.

### Volume de Transactions

Le Forex est le marché financier le plus liquide au monde, avec un volume quotidien de transactions dépassant les 6 000 milliards de dollars américains. Cette liquidité exceptionnelle offre plusieurs avantages :

- **Spreads réduits** : Les écarts entre les prix d'achat et de vente (spreads) sont généralement très faibles, ce qui réduit les coûts de transaction pour les traders.

- **Exécution rapide des transactions** : La haute liquidité assure que les transactions peuvent être exécutées presque instantanément, minimisant ainsi le risque de décalage de prix.
- **Possibilité de trading 24 heures sur 24** : Le Forex est ouvert 24 heures sur 24, cinq jours par semaine, en raison de la présence de centres financiers mondiaux dans différentes zones horaires. Cela permet aux traders de réagir rapidement aux nouvelles et aux événements économiques.

### Fonctionnement du Forex

Le marché Forex fonctionne par le biais de paires de devises. Chaque transaction implique l'achat d'une devise et la vente simultanée d'une autre. Par exemple, dans la paire EUR/USD (euro/dollar américain), un trader peut acheter des euros en vendant des dollars américains.

### Paires de Devises

Les devises sont échangées par paires, et chaque paire est cotée en termes de devise de base par rapport à la devise de contrepartie. Les principales catégories de paires de devises sont :

- **Paires majeures** : Incluent les devises les plus échangées au monde. Exemple : EUR/USD, USD/JPY.
- **Paires mineures** : Incluent des devises majeures sans le dollar américain. Exemple : EUR/GBP, AUD/NZD.
- **Paires exotiques** : Incluent une devise majeure et une devise d'un marché émergent. Exemple : USD/TRY (dollar américain/livre turque).

### Taux de Change Flottants

Les taux de change sur le Forex sont flottants, ce qui signifie qu'ils varient en fonction de l'offre et de la demande. Plusieurs facteurs influencent ces taux, y compris :

- **Événements économiques** : Tels que les publications de données économiques, les décisions de politique monétaire des banques centrales, et les rapports sur l'emploi.
- **Événements politiques** : Incluent les élections, les changements de gouvernement, et les politiques commerciales.
- **Sentiment du marché** : Les perceptions et attentes des investisseurs peuvent influencer les taux de change à court terme.

## Conclusion

Le Forex est un marché complexe et dynamique, offrant de nombreuses opportunités pour les traders et les investisseurs. Sa liquidité élevée, ses coûts de transaction faibles, et sa disponibilité 24 heures sur 24 en font un marché attractif pour une variété de participants, des grandes institutions financières aux traders individuels. Comprendre le fonctionnement du Forex et les facteurs influençant les taux de change est crucial pour naviguer avec succès dans ce marché global.

## Les principales paires de devises

Dans le marché Forex, les devises sont échangées par paires. Chaque paire de devises représente le taux de change entre deux monnaies. Le trading de devises se fait en termes de "paires" parce que vous achetez une devise tout en vendant une autre. Il existe plusieurs catégories de paires de devises, y compris les paires majeures, mineures, et exotiques. Chacune a ses caractéristiques et son niveau de popularité parmi les traders.

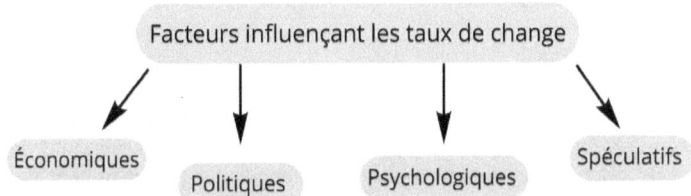

Les différents facteurs influençant les taux de change, classés en catégories économiques, politiques, psychologiques et spéculatifs.

## Paires majeures

Les paires majeures sont les plus échangées sur le marché Forex et incluent toujours le dollar américain (USD) en combinaison avec une autre devise majeure. Ces paires sont connues pour leur liquidité élevée et leurs spreads généralement faibles, ce qui les rend attractives pour les traders.

- **EUR/USD (Euro/Dollar américain)** : La paire la plus échangée au monde. L'euro est la devise de base et le dollar américain est la devise de contrepartie. Cette paire est influencée par les politiques économiques et monétaires de la zone euro et des États-Unis.
- **USD/JPY (Dollar américain/Yen japonais)** : Très liquide, cette paire est influencée par les politiques monétaires de la Banque du Japon et de la Réserve fédérale américaine.

- **GBP/USD (Livre sterling/Dollar américain)** : Souvent appelée "Cable", cette paire est influencée par les événements économiques et politiques au Royaume-Uni et aux États-Unis.
- **USD/CHF (Dollar américain/Franc suisse)** : Connue pour sa stabilité, cette paire est souvent utilisée comme valeur refuge en période d'incertitude économique.

**Paires mineures**

Les paires mineures, ou cross-currencies, n'incluent pas le dollar américain. Elles représentent des combinaisons de devises majeures et sont également activement tradées, bien que moins liquides que les paires majeures.

- **EUR/GBP (Euro/Livre sterling)** : Souvent utilisée pour les transactions entre l'Europe continentale et le Royaume-Uni.
- **EUR/JPY (Euro/Yen japonais)** : Influence des politiques économiques de la zone euro et du Japon.
- **GBP/JPY (Livre sterling/Yen japonais)** : Cette paire est connue pour sa volatilité due aux influences économiques des deux pays.

**Paires exotiques**

Les paires exotiques incluent une devise majeure et une devise d'un marché émergent ou moins liquide. Ces paires ont généralement des spreads plus élevés et sont moins liquides que les paires majeures et mineures, ce qui les rend plus volatiles et plus risquées à trader.

- **USD/TRY (Dollar américain/Livre turque)** : Influence des politiques économiques et politiques de la Turquie et des États-Unis.
- **USD/SEK (Dollar américain/Couronne suédoise)** : Influence des politiques économiques de la Suède et des États-Unis.
- **EUR/TRY (Euro/Livre turque)** : Combine la stabilité de l'euro avec la volatilité de la livre turque.

**Fonctionnement des Paires de Devises**

Chaque paire de devises est cotée en termes de devise de base et de devise de contrepartie. Par exemple, dans la paire EUR/USD, l'euro est la devise de base et le dollar américain est la devise de contrepartie. Le taux de change indique combien de dollars américains sont nécessaires pour acheter un euro.

## Chapitre 4

**Cotations Bid et Ask**

- **Prix bid** : Le prix auquel le marché est prêt à acheter la devise de base en échange de la devise de contrepartie.
- **Prix ask** : Le prix auquel le marché est prêt à vendre la devise de base en échange de la devise de contrepartie.
- **Spread** : La différence entre le prix bid et le prix ask. Le spread représente le coût de transaction pour le trader.

## Conclusion

Comprendre les principales paires de devises est essentiel pour toute personne souhaitant trader sur le marché Forex. Les paires majeures offrent la liquidité et les spreads les plus faibles, tandis que les paires mineures et exotiques offrent des opportunités de profit plus importantes mais avec un risque accru. La connaissance des influences économiques et politiques sur ces paires permet aux traders de prendre des décisions plus éclairées et d'élaborer des stratégies de trading efficaces.

### Les heures de trading du Forex

Le marché Forex est unique en ce qu'il est ouvert 24 heures sur 24, cinq jours par semaine, grâce à la présence de centres financiers situés dans différentes zones horaires à travers le monde. Cette caractéristique permet aux traders de participer aux transactions à tout moment, en fonction de leur emploi du temps, et de réagir rapidement aux nouvelles économiques et événements mondiaux.

### Les Sessions de Trading

Le marché Forex est divisé en plusieurs sessions de trading principales, correspondant aux principales places financières du monde : Sydney, Tokyo, Londres, et New York. Chacune de ces sessions a des caractéristiques spécifiques et des niveaux d'activité différents.

1. **Session de Sydney**
   - **Heures de trading** : De 22h00 à 7h00 GMT.
   - **Caractéristiques** : La session de Sydney marque le début de la journée de trading. Elle est généralement plus calme avec des volumes de trading plus faibles, mais elle peut voir des mouvements significatifs lorsque les nouvelles économiques australiennes ou néo-zélandaises sont publiées.
2. **Session de Tokyo**
   - **Heures de trading** : De 00h00 à 9h00 GMT.
   - **Caractéristiques** : La session de Tokyo est la première grande session asiatique et se chevauche avec la session de Sydney. Les paires de devises incluant le yen japonais (JPY) sont particulièrement actives. Cette session peut également être influencée par les nouvelles économiques provenant de Chine.
3. **Session de Londres**
   - **Heures de trading** : De 8h00 à 17h00 GMT.
   - **Caractéristiques** : La session de Londres est la plus active et la plus liquide des sessions de trading Forex. Elle se chevauche avec les sessions de Tokyo et de New York, ce qui entraîne une forte activité de trading. Les paires de devises majeures telles que EUR/USD, GBP/USD, et USD/CHF sont particulièrement actives.
4. **Session de New York**
   - **Heures de trading** : De 13h00 à 22h00 GMT.
   - **Caractéristiques** : La session de New York est également très active, surtout au début, lorsqu'elle chevauche la session de Londres. Les annonces économiques américaines et canadiennes peuvent créer des mouvements significatifs sur les paires de devises incluant le dollar américain (USD) et le dollar canadien (CAD).

# Chapitre 4

## Chevauchements de Sessions

Les périodes de chevauchement entre les sessions de trading sont particulièrement importantes car elles représentent les moments où le volume de trading est le plus élevé. Ces chevauchements offrent des opportunités accrues pour les traders en raison de la liquidité supplémentaire et de la volatilité potentiellement accrue.

- **Chevauchement Londres/Tokyo**
    - **Heures** : 8h00 à 9h00 GMT.
    - **Caractéristiques** : Bien que ce chevauchement soit court, il peut générer des opportunités de trading, notamment pour les paires incluant l'EUR/JPY et le GBP/JPY.
- **Chevauchement Londres/New York**
    - **Heures** : 13h00 à 17h00 GMT.
    - **Caractéristiques** : C'est le chevauchement le plus important et le plus actif. Les nouvelles économiques majeures des États-Unis et de la zone euro peuvent créer des mouvements importants sur les marchés. Les paires de devises majeures sont particulièrement volatiles pendant cette période.

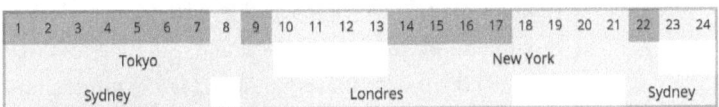

Horaires d'ouverture des principales places boursières de Forex. Les chevauchements entre les sessions montrent les périodes de forte liquidité.

## Conclusion

Comprendre les heures de trading du Forex et les caractéristiques des différentes sessions de trading est essentiel pour optimiser vos stratégies de trading. Savoir quand les marchés sont les plus liquides et les plus volatils peut vous aider à choisir les meilleurs moments pour entrer et sortir de vos positions, minimiser les coûts de transaction, et maximiser vos opportunités de profit.

# Chapitre 4

## Le fonctionnement des taux de change

Les taux de change sont les prix auxquels une devise peut être échangée contre une autre. Ils jouent un rôle crucial dans le commerce international, la finance, et l'économie mondiale. Comprendre comment les taux de change fonctionnent est essentiel pour tout trader Forex ou investisseur global.

### Définition des Taux de Change

Un taux de change est le ratio de la valeur d'une devise par rapport à une autre. Par exemple, si le taux de change EUR/USD est de 1,20, cela signifie qu'un euro peut être échangé contre 1,20 dollar américain.

### Types de Taux de Change

Il existe principalement deux types de taux de change :

1. **Taux de Change Flottants**
   - **Définition** : Les taux de change flottants sont déterminés par les forces du marché, c'est-à-dire par l'offre et la demande pour les devises. Ils varient en fonction des conditions économiques, des événements géopolitiques, et de la spéculation sur les marchés financiers.
   - **Exemples** : La plupart des principales devises mondiales, telles que le dollar américain (USD), l'euro (EUR), et le yen japonais (JPY), ont des taux de change flottants.
2. **Taux de Change Fixes ou Pégés**
   - **Définition** : Les taux de change fixes sont maintenus à un niveau spécifique par l'intervention du gouvernement ou de la banque centrale. La devise est "ancrée" à une autre devise majeure ou à un panier de devises.
   - **Exemples** : Le riyal saoudien (SAR) est ancré au dollar américain (USD).*

# Chapitre 4

## Détermination des Taux de Change

Les taux de change sont influencés par plusieurs facteurs économiques, financiers et politiques :

1. **Offre et Demande**
   - **Offre de Devise** : Une augmentation de l'offre d'une devise peut faire baisser son taux de change.
   - **Demande de Devise** : Une hausse de la demande pour une devise peut augmenter son taux de change.

2. **Taux d'Intérêt**
   - **Définition** : Les taux d'intérêt déterminés par les banques centrales influencent les taux de change en affectant les rendements des investissements dans différentes devises.
   - **Exemple** : Si les taux d'intérêt augmentent aux États-Unis, le dollar américain (USD) peut s'apprécier car les investisseurs chercheront à obtenir des rendements plus élevés.

3. **Inflation**
   - **Définition** : Les taux d'inflation affectent le pouvoir d'achat d'une devise. Une inflation élevée dans un pays peut dévaluer sa monnaie par rapport à celles des pays avec une inflation plus basse.
   - **Exemple** : Si l'inflation est plus élevée dans la zone euro que dans les États-Unis, l'euro (EUR) peut se déprécier par rapport au dollar américain (USD).

4. **Croissance Économique**
   - **Définition** : La croissance économique forte peut attirer des investissements étrangers, augmentant ainsi la demande pour la devise du pays et son taux de change.
   - **Exemple** : Une croissance économique rapide en Chine peut entraîner une appréciation du yuan chinois (CNY).

5. **Stabilité Politique et Économique**

- **Définition** : Les pays politiquement stables avec des économies solides attirent généralement plus d'investissements, ce qui peut renforcer leur monnaie.
- **Exemple** : Les troubles politiques peuvent conduire à une dépréciation de la devise du pays concerné.

## Mécanismes d'Intervention des Banques Centrales

Les banques centrales peuvent intervenir sur le marché des changes pour stabiliser ou influencer la valeur de leur monnaie :

- **Intervention Directe** : Achat ou vente de devises étrangères pour influencer le taux de change.
- **Politique Monétaire** : Ajustement des taux d'intérêt pour influencer les flux de capitaux et la demande de la devise.

## Taux de Change Réels et Nominal

- **Taux de Change Nominal** : Le taux de change direct entre deux devises sans ajustement pour l'inflation.
- **Taux de Change Réel** : Ajuste le taux de change nominal pour tenir compte des différences de niveaux de prix entre les pays.

## Illustration

Schéma 4.3 : Mécanismes d'Influence des Taux de Change

- **Description** : Un diagramme illustrant les principaux facteurs influençant les taux de change, tels que les taux d'intérêt, l'inflation, la croissance économique, et la stabilité politique.

## Conclusion

Les taux de change sont un élément fondamental de l'économie mondiale, influençant le commerce international, les investissements, et la stabilité économique. En comprenant les facteurs qui influencent les taux de change et les mécanismes d'intervention des banques centrales, les traders et les investisseurs peuvent mieux anticiper les mouvements du marché et prendre des décisions éclairées.

# Chapitre 4

## Facteurs influençant les taux de change

Les taux de change fluctuent en raison de divers facteurs économiques, financiers et politiques. Comprendre ces facteurs est crucial pour les traders et les investisseurs, car ils peuvent avoir des impacts significatifs sur la valeur des devises. Voici les principaux facteurs qui influencent les taux de change :

### 1. Taux d'Intérêt

- **Définition** : Les taux d'intérêt sont déterminés par les banques centrales et influencent les rendements des investissements dans différentes devises.
- **Impact** : Des taux d'intérêt plus élevés attirent les investisseurs cherchant des rendements plus élevés, augmentant ainsi la demande pour la devise et son taux de change.
- **Exemple** : Si la Réserve fédérale américaine (Fed) augmente ses taux d'intérêt, le dollar américain (USD) peut s'apprécier car les investissements en USD deviennent plus attractifs.

### 2. Inflation

- **Définition** : L'inflation mesure la hausse des prix des biens et services dans une économie.
- **Impact** : Une inflation plus élevée diminue le pouvoir d'achat d'une devise, entraînant sa dépréciation par rapport aux devises des pays avec une inflation plus basse.
- **Exemple** : Si l'inflation est plus élevée dans la zone euro que dans les États-Unis, l'euro (EUR) peut se déprécier par rapport au dollar américain (USD).

### 3. Croissance Économique

- **Définition** : La croissance économique est le taux d'augmentation de la production de biens et services dans une économie.
- **Impact** : Une économie en forte croissance attire des investissements étrangers, augmentant la demande pour sa devise et son taux de change.
- **Exemple** : Une forte croissance économique au Japon peut conduire à une appréciation du yen japonais (JPY) en raison de l'augmentation des investissements étrangers.

## Chapitre 4

### 4. Stabilité Politique et Économique

- **Définition** : La stabilité politique et économique réfère à la prévisibilité et la sécurité d'un pays en termes de politique, économie, et cadre juridique.
- **Impact** : Les pays politiquement stables et économiquement solides attirent plus d'investissements, ce qui renforce leur devise.
- **Exemple** : Les troubles politiques au Venezuela ont conduit à une dépréciation significative du bolivar vénézuélien (VES).

### 5. Balance Commerciale

- **Définition** : La balance commerciale est la différence entre la valeur des exportations et des importations d'un pays.
- **Impact** : Un excédent commercial (plus d'exportations que d'importations) augmente la demande pour la devise nationale, la faisant apprécier. Un déficit commercial a l'effet inverse.
- **Exemple** : Si l'Allemagne a un excédent commercial élevé, la demande pour l'euro (EUR) peut augmenter, entraînant son appréciation.

### 6. Interventions des Banques Centrales

- **Définition** : Les banques centrales peuvent intervenir sur le marché des changes pour stabiliser ou influencer la valeur de leur monnaie.
- **Impact** : Les interventions directes (achat/vente de devises) et les ajustements de la politique monétaire (taux d'intérêt) peuvent avoir des effets immédiats sur les taux de change.
- **Exemple** : Si la Banque du Japon intervient pour affaiblir le yen japonais (JPY), cela peut entraîner une dépréciation du yen.

### 7. Sentiment du Marché et Spéculation

- **Définition** : Le sentiment du marché se réfère aux attitudes des investisseurs envers le risque et les perspectives économiques futures.
- **Impact** : La spéculation basée sur les anticipations des investisseurs peut provoquer des mouvements de devises significatifs.
- **Exemple** : Si les investisseurs croient que l'économie britannique va se renforcer, ils peuvent acheter des livres sterling (GBP), entraînant son appréciation.

## 8. Changements dans les Termes de l'Échange

- **Définition** : Les termes de l'échange représentent le rapport entre les prix d'exportation et d'importation d'un pays.
- **Impact** : Une amélioration des termes de l'échange (prix des exportations augmentant plus vite que ceux des importations) favorise une appréciation de la devise.
- **Exemple** : Si le prix du pétrole augmente et qu'un pays exportateur de pétrole bénéficie de revenus accrus, sa devise peut s'apprécier.

## Conclusion

Les taux de change sont influencés par une multitude de facteurs économiques, financiers et politiques. Comprendre ces facteurs permet aux traders et aux investisseurs de mieux anticiper les mouvements des devises et de prendre des décisions plus éclairées. Une analyse approfondie de ces éléments est essentielle pour naviguer avec succès dans le marché Forex.

# Chapitre 5 : Analyse technique

## Définition et principes de base de l'analyse technique

L'analyse technique est une méthodologie utilisée par les traders et les investisseurs pour évaluer et prédire les mouvements futurs des prix des actifs financiers. Elle repose principalement sur l'examen des données de marché passées, notamment les prix et les volumes, pour identifier les tendances et les modèles de prix. Contrairement à l'analyse fondamentale, qui se concentre sur la valeur intrinsèque d'un actif basée sur ses performances financières et économiques, l'analyse technique considère que toutes les informations nécessaires sont déjà reflétées dans les prix de marché.

### Définition

L'analyse technique est définie comme l'étude des données de marché historiques, telles que les prix et les volumes, pour prévoir les futurs mouvements des prix. Les analystes techniques utilisent des graphiques et divers indicateurs pour détecter les modèles récurrents et les tendances qui peuvent indiquer des opportunités de trading.

### Principes de base

Les principes de base de l'analyse technique reposent sur plusieurs hypothèses clés :

1. **Le marché prend tout en compte (Hypothèse d'efficience du marché)**
   - **Description** : Selon cette hypothèse, toutes les informations disponibles, qu'elles soient publiques ou privées, sont déjà reflétées dans les prix des actifs. Cela inclut les données fondamentales, les nouvelles économiques, les événements politiques, et tout autre facteur externe. Par conséquent, il n'est pas nécessaire de s'attarder sur ces informations car elles sont déjà intégrées dans le prix actuel de l'actif.

## Chapitre 5

- **Implication** : Les analystes techniques se concentrent exclusivement sur les mouvements de prix et les volumes de transactions, car ils considèrent que ces données contiennent toutes les informations nécessaires pour effectuer des prévisions.

2. **Les prix évoluent selon des tendances**
   - **Description** : Les analystes techniques croient que les prix des actifs financiers évoluent souvent selon des tendances observables, et ces tendances ont tendance à persister sur des périodes de temps significatives. Une tendance est définie comme la direction générale du mouvement des prix.
   - **Types de tendances** :
     - **Haussière** : Caractérisée par des sommets et des creux de plus en plus élevés.
     - **Baissière** : Caractérisée par des sommets et des creux de plus en plus bas.
     - **Latérale** : Caractérisée par des mouvements de prix horizontaux sans direction claire.
   - **Implication** : Identifier la direction de la tendance est crucial pour les traders, car la stratégie la plus courante consiste à "suivre la tendance", c'est-à-dire à acheter dans une tendance haussière et à vendre dans une tendance baissière.

3. **L'histoire se répète**
   - **Description** : Cette hypothèse repose sur l'idée que les comportements humains et les réactions du marché sont souvent répétitifs. Par conséquent, les modèles de prix qui se sont produits dans le passé sont susceptibles de se reproduire à l'avenir.
   - **Implication** : Les analystes techniques étudient les modèles de prix historiques pour identifier des formations récurrentes (comme les figures chartistes) qui peuvent signaler des mouvements futurs similaires.

## Importance des Graphiques et des Indicateurs Techniques

Les graphiques sont des outils essentiels dans l'analyse technique car ils permettent aux traders de visualiser les données de prix sur des périodes spécifiques et d'identifier les tendances et les modèles. Les types de graphiques les plus couramment utilisés incluent les graphiques en ligne, les graphiques en barres et les graphiques en chandeliers.

**Indicateurs techniques :**

- **Description** : Les indicateurs techniques sont des outils mathématiques basés sur les prix, les volumes, ou l'intérêt ouvert, et sont utilisés pour analyser les données de marché et prévoir les mouvements futurs des prix.
- **Types d'indicateurs :**
    - **Oscillateurs** : Tels que le RSI (Relative Strength Index) et le MACD (Moving Average Convergence Divergence), qui aident à identifier les conditions de surachat et de survente.
    - **Indicateurs de tendance** : Comme les moyennes mobiles (SMA et EMA), qui aident à déterminer la direction et la force des tendances.

## Avantages et Limitations de l'Analyse Technique

**Avantages :**

- **Applicabilité universelle** : Peut être utilisée sur n'importe quel actif financier avec des données de prix et de volume disponibles.
- **Outils visuels** : Facilite la détection des tendances et des opportunités de trading grâce à des graphiques et des modèles visuels.
- **Rapidité d'exécution** : Permet des décisions de trading rapides basées sur l'analyse des données de marché en temps réel.

**Limitations :**

- **Pas infaillible** : Les prévisions basées sur l'analyse technique ne sont pas toujours précises et peuvent être affectées par des événements imprévus.
- **Biais de confirmation** : Les traders peuvent parfois voir ce qu'ils veulent voir dans les graphiques, ce qui peut conduire à des décisions de trading biaisées.

## Chapitre 5

- **Nécessite de l'expérience** : L'interprétation des graphiques et des indicateurs techniques peut être complexe et nécessite une certaine expertise.

## Conclusion

L'analyse technique est un outil puissant pour les traders et les investisseurs qui cherchent à prévoir les mouvements des prix des actifs financiers en se basant sur les données de marché historiques. En comprenant et en appliquant les principes de base de l'analyse technique, les traders peuvent développer des stratégies efficaces pour naviguer sur les marchés financiers. Cependant, il est important de reconnaître les limites de cette approche et de l'utiliser en complément d'autres méthodes d'analyse pour prendre des décisions de trading éclairées.

## Les graphiques : types et interprétation

Les graphiques sont des outils visuels fondamentaux dans l'analyse technique, utilisés pour visualiser les mouvements de prix des actifs financiers sur différentes périodes. Ils permettent aux traders et aux investisseurs de repérer les tendances, les niveaux de support et de résistance, ainsi que divers modèles de prix. Voici un aperçu des principaux types de graphiques et de leur interprétation.

**Types de graphiques**

1. **Graphique en ligne (Line Chart)**

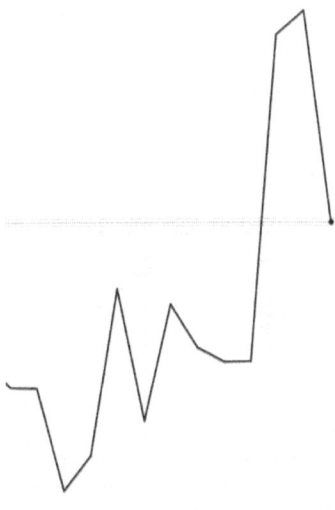

## Chapitre 5

- **Description** : Le graphique en ligne trace une ligne continue reliant les prix de clôture sur une période donnée.
- **Utilisation** : Ce type de graphique est simple et donne une vue d'ensemble rapide des tendances de prix. Il est particulièrement utile pour les analyses à long terme.
- **Interprétation** : Les graphiques en ligne montrent clairement les tendances générales et les changements de direction, mais ils ne fournissent pas d'informations détaillées sur les variations de prix intra-journalières.

2. **Graphique en barres (Bar Chart)**

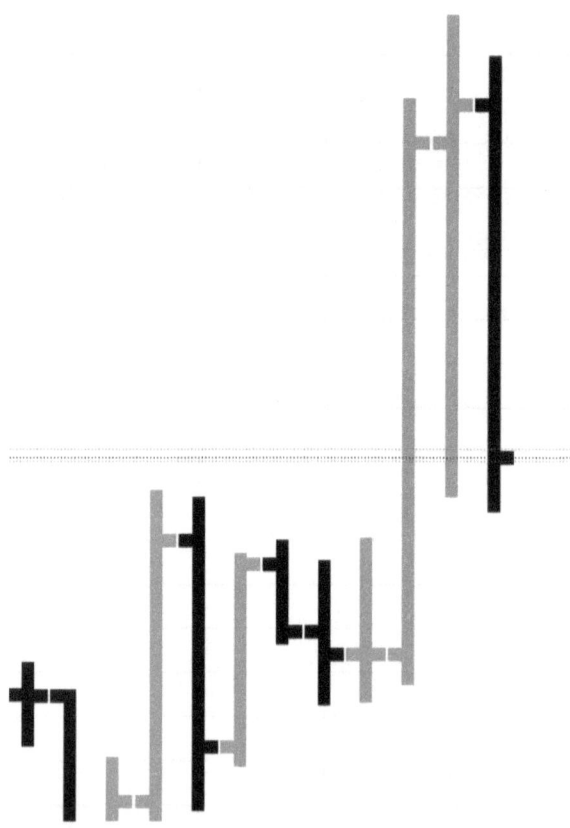

## Chapitre 5

- **Description** : Chaque barre sur le graphique représente la plage de prix (le plus haut, le plus bas, l'ouverture, et la fermeture) pour une période spécifique. La partie supérieure de la barre indique le prix le plus haut atteint, la partie inférieure le prix le plus bas, la ligne horizontale à gauche représente le prix d'ouverture, et la ligne horizontale à droite représente le prix de clôture.
- **Utilisation** : Les graphiques en barres fournissent plus de détails que les graphiques en ligne et sont utilisés pour analyser les variations de prix au sein d'une période donnée.
- **Interprétation** : Ils aident à identifier les tendances ainsi que les niveaux de support et de résistance en montrant les fluctuations de prix plus précisément.

3. **Graphique en chandeliers (Candlestick Chart)**

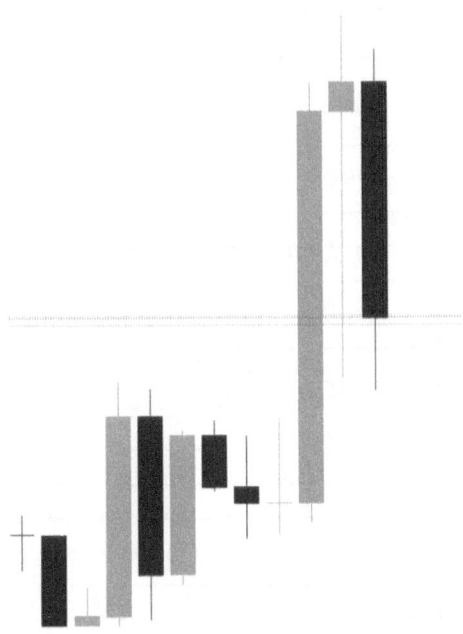

## Chapitre 5

- **Description** : Utilise des "chandeliers" pour montrer l'ouverture, la fermeture, le plus haut et le plus bas des prix pour une période donnée. Le corps du chandelier est coloré pour indiquer si la période était haussière (souvent en vert ou blanc) ou baissière (souvent en rouge ou noir).
- **Utilisation** : Très populaire en raison de sa capacité à fournir des informations détaillées et visuellement intuitives sur les mouvements de prix.
- **Interprétation** : Les graphiques en chandeliers permettent d'identifier rapidement les modèles de retournement et de continuation. Les chandeliers individuels et les formations de chandeliers (comme les Doji, les Engulfing patterns, les Harami, etc.) fournissent des indications importantes sur la psychologie du marché et les futures mouvements de prix.

**Interprétation des graphiques**

1. **Tendances (Trends)**
   - **Définition** : Une tendance est la direction générale des mouvements de prix sur une période prolongée.
   - **Types :**
     - **Tendance haussière (Uptrend)** : Série de sommets et de creux de plus en plus élevés.
     - **Tendance baissière (Downtrend)** : Série de sommets et de creux de plus en plus bas.
     - **Tendance latérale (Sideways trend)** : Mouvements de prix horizontaux sans direction claire, souvent appelés "range-bound".

2. **Supports et résistances (Support and Resistance)**

## Chapitre 5

- **Support** : Niveau de prix où la demande est suffisamment forte pour empêcher le prix de baisser davantage. Représente un "plancher" pour le prix.
- **Résistance** : Niveau de prix où l'offre est suffisamment forte pour empêcher le prix d'augmenter davantage. Représente un "plafond" pour le prix.
- **Utilisation** : Les niveaux de support et de résistance sont utilisés pour identifier des points d'entrée et de sortie potentiels pour les trades. Lorsqu'un niveau de support ou de résistance est cassé, cela peut signaler un changement de tendance.

3. **Volumes (Volume)**
    - **Description** : Le volume représente la quantité de titres échangés pendant une période donnée.
    - **Interprétation** : Le volume est un indicateur de la force ou de la faiblesse d'un mouvement de prix. Un volume élevé lors d'une montée de prix indique une forte conviction des acheteurs, tandis qu'un volume élevé lors d'une baisse de prix indique une forte pression de vente. Les volumes faibles peuvent indiquer une faiblesse dans la tendance actuelle ou un manque de conviction des participants du marché.

### Conclusion

Les graphiques sont des outils essentiels pour tout analyste technique, offrant une vue visuelle claire des mouvements de prix passés et actuels. En comprenant les différents types de graphiques et en sachant comment les interpréter, les traders peuvent mieux identifier les tendances, les niveaux de support et de résistance, et les opportunités de trading potentielles. Les graphiques en ligne, en barres et en chandeliers, chacun avec leurs propres avantages et détails, constituent une base solide pour l'analyse technique et la prise de décision éclairée sur les marchés financiers.

# Chapitre 5

## Les indicateurs techniques courants : RSI, MACD, moyennes mobiles

Les indicateurs techniques sont des outils mathématiques utilisés par les traders pour analyser les données de prix et identifier des opportunités de trading. Parmi les plus courants et efficaces, on trouve le RSI (Relative Strength Index), le MACD (Moving Average Convergence Divergence), et les moyennes mobiles. Chacun de ces indicateurs a ses propres caractéristiques et utilisations.

### 1. RSI (Relative Strength Index)

**Définition** : Le RSI est un oscillateur qui mesure la vitesse et le changement des mouvements de prix. Il varie de 0 à 100 et est principalement utilisé pour identifier les conditions de surachat et de survente sur le marché.

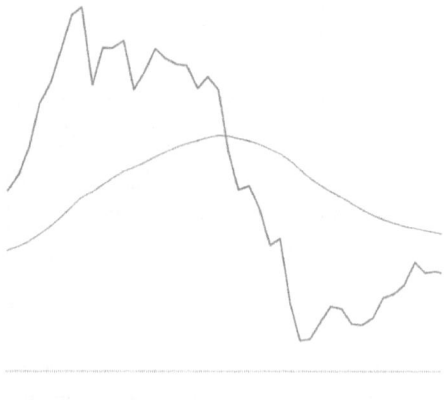

**Formule** : $RSI = 100 - \frac{100}{1+RS}$ où RS (Relative Strength) est le ratio des gains moyens sur les pertes moyennes sur une période donnée (généralement 14 jours).

## Chapitre 5

**Interprétation :**

- **Surachat (Overbought)** : Lorsque le RSI est au-dessus de 70, cela peut indiquer que l'actif est suracheté et pourrait être prêt pour une correction ou une inversion de tendance.
- **Survente (Oversold)** : Lorsque le RSI est en dessous de 30, cela peut indiquer que l'actif est survendu et pourrait être prêt pour un rebond ou une inversion de tendance.
- **Divergences** : Une divergence haussière se produit lorsque le prix atteint de nouveaux creux tandis que le RSI atteint des creux plus élevés. Une divergence baissière se produit lorsque le prix atteint de nouveaux sommets tandis que le RSI atteint des sommets plus bas. Ces divergences peuvent signaler des retournements de tendance potentiels.

### 2. MACD (Moving Average Convergence Divergence)

**Définition** : Le MACD est un indicateur de tendance qui montre la relation entre deux moyennes mobiles exponentielles (EMA) des prix. Il est composé de trois éléments principaux : la ligne MACD, la ligne de signal, et l'histogramme.

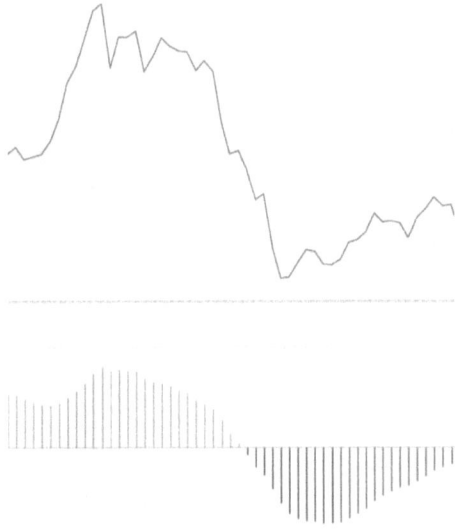

**Calcul :**

- **Ligne MACD** : La différence entre l'EMA à 12 jours et l'EMA à 26 jours.
- **Ligne de signal** : L'EMA à 9 jours de la ligne MACD.

- **Histogramme** : La différence entre la ligne MACD et la ligne de signal.

**Interprétation** :

- **Croisements** :
  - **Croisement haussier** : Lorsque la ligne MACD croise au-dessus de la ligne de signal, cela peut indiquer une opportunité d'achat.
  - **Croisement baissier** : Lorsque la ligne MACD croise en dessous de la ligne de signal, cela peut indiquer une opportunité de vente.
- **Divergences** : Comme pour le RSI, des divergences entre le MACD et le prix peuvent signaler des retournements de tendance potentiels. Une divergence haussière se produit lorsque le prix atteint de nouveaux creux tandis que le MACD atteint des creux plus élevés. Une divergence baissière se produit lorsque le prix atteint de nouveaux sommets tandis que le MACD atteint des sommets plus bas.
- **Historiogramme** : Les barres de l'histogramme montrent la force de la tendance. Des barres positives indiquent une tendance haussière, tandis que des barres négatives indiquent une tendance baissière.

## 3. Moyennes mobiles

**Définition** : Les moyennes mobiles sont des indicateurs de tendance qui lissent les données de prix pour aider à identifier la direction générale du marché. Il existe plusieurs types de moyennes mobiles, les plus courantes étant la moyenne mobile simple (SMA) et la moyenne mobile exponentielle (EMA).

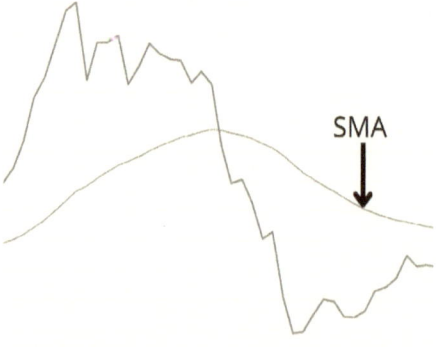

# Chapitre 5

**Types et Calculs :**

- **SMA (Simple Moving Average)** : Calculée en prenant la moyenne arithmétique des prix de clôture sur une période donnée. Par exemple, une SMA à 10 jours est la moyenne des prix de clôture des 10 derniers jours.
- **EMA (Exponential Moving Average)** : Donne plus de poids aux prix récents, ce qui la rend plus réactive aux nouvelles informations. Le calcul de l'EMA est plus complexe, impliquant une formule qui applique un coefficient de lissage.

**Interprétation :**

- **Croisements de moyennes mobiles :**
    - **Croisement haussier (Golden Cross)** : Se produit lorsque la moyenne mobile à court terme croise au-dessus de la moyenne mobile à long terme, indiquant une tendance haussière potentielle.
    - **Croisement baissier (Death Cross)** : Se produit lorsque la moyenne mobile à court terme croise en dessous de la moyenne mobile à long terme, indiquant une tendance baissière potentielle.
- **Support et résistance** : Les moyennes mobiles peuvent également servir de niveaux dynamiques de support et de résistance. Les prix tendent à rebondir à partir de la moyenne mobile pendant une tendance haussière et à être repoussés par la moyenne mobile pendant une tendance baissière.
- **Direction de la moyenne mobile** : La pente de la moyenne mobile indique la direction de la tendance. Une moyenne mobile en pente ascendante suggère une tendance haussière, tandis qu'une moyenne mobile en pente descendante suggère une tendance baissière.

**Conclusion**

Les indicateurs techniques comme le RSI, le MACD et les moyennes mobiles sont des outils puissants pour les traders et les investisseurs. Ils offrent des perspectives précieuses sur les conditions de surachat et de survente, les tendances et les forces de la tendance, et les niveaux potentiels de support et de résistance. Une compréhension approfondie de ces indicateurs et de leur interprétation permet aux traders de prendre des décisions plus informées et d'améliorer leur stratégie de trading sur les marchés financiers.

**Les figures chartistes : triangles, têtes-épaules, double tops et bottoms**

Les figures chartistes sont des formations sur les graphiques de prix qui indiquent des retournements ou des continuations de tendances. Elles sont largement utilisées en analyse technique pour prévoir les mouvements futurs des prix. Parmi les plus courantes et les plus fiables, on trouve les triangles, les figures de tête et épaules, et les doubles tops et bottoms.

**1. Triangles**

**Description** : Les triangles sont des figures de continuation ou de retournement qui montrent une consolidation des prix avant une nouvelle impulsion.

**Types de triangles :**

- **Triangle symétrique** : Formé par des lignes de tendance convergentes. Indique une période d'indécision sur le marché avant une évasion (breakout) qui peut être dans n'importe quelle direction.

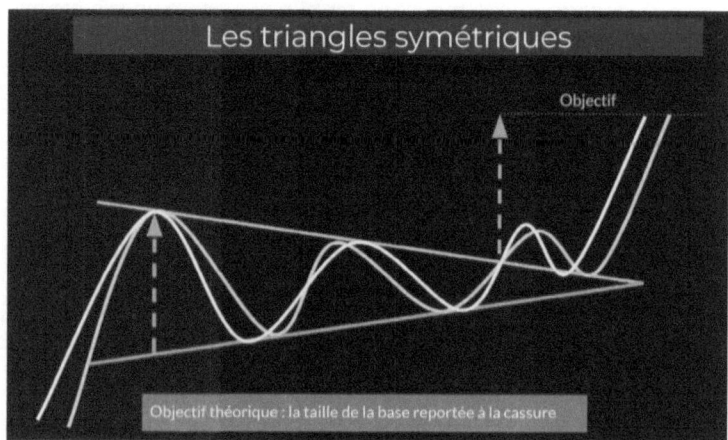

## Chapitre 5

- **Triangle ascendant** : Caractérisé par une ligne de résistance horizontale et une ligne de support ascendante. Indique une pression haussière accrue, souvent suivi d'une évasion à la hausse.

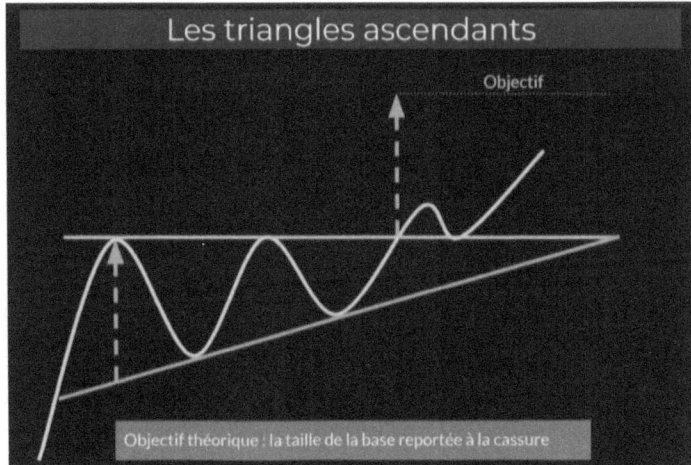

- **Triangle descendant** : Caractérisé par une ligne de support horizontale et une ligne de résistance descendante. Indique une pression baissière accrue, souvent suivie d'une évasion à la baisse.

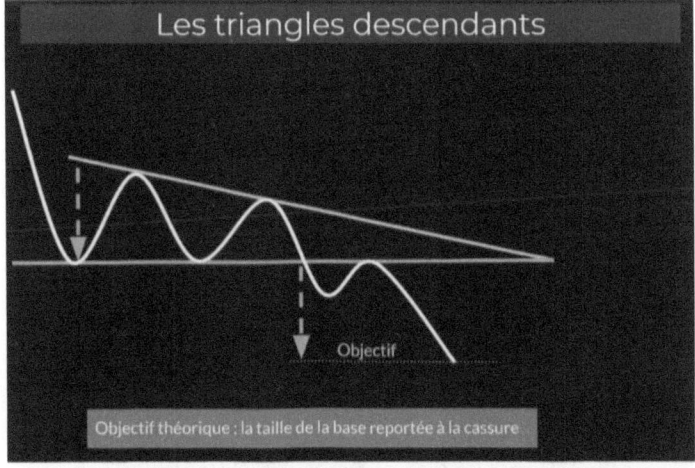

**Interprétation :**

- **Évasion (breakout) :** Le moment où le prix sort du triangle, généralement accompagné d'un volume accru. La direction de l'évasion indique la tendance future.

### 2. Tête et épaules (Head and Shoulders)

**Description :** La figure de tête et épaules est une formation de retournement qui indique un changement de tendance. Elle est formée de trois sommets : un sommet central (tête) plus élevé entre deux sommets plus bas (épaules).

**Types :**

- **Tête et épaules standard :** Indique un retournement baissier après une tendance haussière.

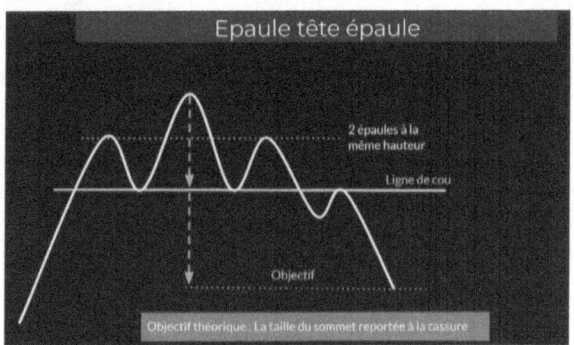

- **Tête et épaules inversé :** Indique un retournement haussier après une tendance baissière.

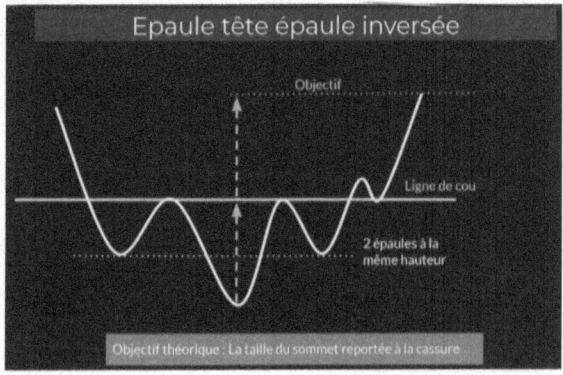

## Chapitre 5

**Interprétation :**

- **Ligne de cou (neckline)** : La ligne reliant les points bas des deux épaules. La cassure de cette ligne confirme le retournement de tendance.
- **Projection de prix** : La distance entre la tête et la ligne de cou est souvent utilisée pour estimer l'objectif de prix après la cassure.

### 3. Double tops et bottoms (Double Tops and Bottoms)

**Description** : Les doubles tops et bottoms sont des figures de retournement formées par deux sommets ou deux creux à peu près égaux.

**Types :**

- **Double top** : Formé après une tendance haussière, deux sommets égaux séparés par un creux. Indique un potentiel retournement baissier.

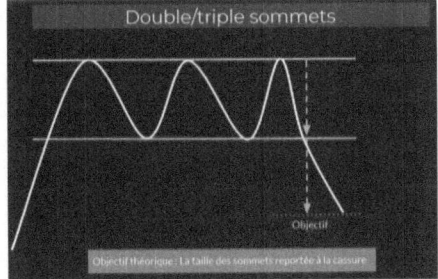

- **Double bottom** : Formé après une tendance baissière, deux creux égaux séparés par un sommet. Indique un potentiel retournement haussier.

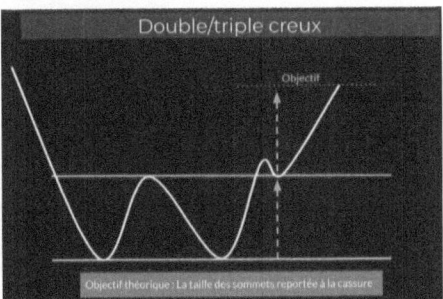

**Interprétation :**

- **Ligne de confirmation** : La ligne reliant les points bas (pour un double top) ou les points hauts (pour un double bottom) entre les deux sommets ou creux. La cassure de cette ligne confirme le retournement de tendance.
- **Projection de prix** : La distance entre les sommets et la ligne de confirmation est souvent utilisée pour estimer l'objectif de prix après la cassure.

**Conclusion**

Les figures chartistes comme les triangles, les têtes-épaules, et les doubles tops et bottoms sont des outils précieux pour les traders en analyse technique. En identifiant ces formations sur les graphiques de prix, les traders peuvent anticiper les retournements ou les continuations de tendances, ce qui les aide à prendre des décisions de trading plus informées. Une compréhension approfondie de ces figures et de leur interprétation permet d'améliorer les stratégies de trading et de gérer les risques sur les marchés financiers.

## Stratégies de trading basées sur l'analyse technique

Les stratégies de trading basées sur l'analyse technique utilisent des outils et des indicateurs pour prendre des décisions de trading informées. Voici quelques-unes des stratégies les plus courantes et efficaces :

### 1. Stratégie de suivi de tendance (Trend Following)

**Description** : Cette stratégie consiste à identifier et à suivre la direction dominante du marché. Les traders achètent lorsque le marché est en tendance haussière et vendent lorsqu'il est en tendance baissière.

**Outils utilisés :**

- **Moyennes mobiles (Moving Averages)** : Les moyennes mobiles simples (SMA) et exponentielles (EMA) sont utilisées pour lisser les données de prix et identifier la direction de la tendance.
- **MACD (Moving Average Convergence Divergence)** : Utilisé pour identifier les changements de la direction de la tendance.

**Mise en œuvre :**

- **Entrée** : Acheter lorsque les prix sont au-dessus de la moyenne mobile et que la ligne MACD croise au-dessus de la ligne de signal.
- **Sortie** : Vendre lorsque les prix passent en dessous de la moyenne mobile ou que la ligne MACD croise en dessous de la ligne de signal.

## 2. Stratégie de retournement de tendance (Reversal Trading)

**Description** : Cette stratégie vise à identifier les points de retournement où le prix change de direction. Les traders cherchent à acheter à des niveaux de support ou vendre à des niveaux de résistance.

**Outils utilisés :**

- **RSI (Relative Strength Index)** : Utilisé pour identifier les conditions de surachat et de survente.
- **Figures chartistes** : Double tops, double bottoms, et tête-épaules sont des figures couramment utilisées pour identifier les retournements de tendance.

**Mise en œuvre :**

- **Entrée** : Acheter lorsque le RSI indique des conditions de survente ou lorsque des figures de retournement comme les doubles bottoms se forment.
- **Sortie** : Vendre lorsque le RSI indique des conditions de surachat ou que des figures de retournement comme les doubles tops se forment.

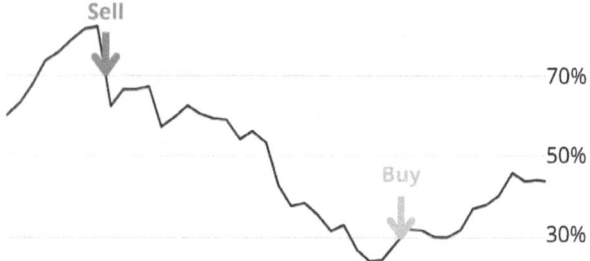

### 3. Stratégie de trading de rupture (Breakout Trading)

**Description** : Cette stratégie consiste à entrer sur le marché lorsque le prix sort d'une zone de consolidation ou casse un niveau clé de support ou de résistance.

**Outils utilisés :**

- **Niveaux de support et de résistance** : Identifiés sur les graphiques pour déterminer les zones de rupture potentielles.
- **Volume** : Un volume élevé lors d'une rupture peut confirmer la force du mouvement.

**Mise en œuvre :**

- **Entrée** : Acheter lorsque le prix casse au-dessus d'un niveau de résistance clé avec un volume élevé. Vendre lorsque le prix casse en dessous d'un niveau de support clé avec un volume élevé.
- **Sortie** : Utiliser des stops serrés pour limiter les pertes en cas de fausse rupture. Prendre des bénéfices à des niveaux de prix prédéterminés ou en utilisant des indicateurs techniques pour identifier des signaux de retournement.

### 4. Stratégie de trading de range (Range Trading)

**Description** : Cette stratégie consiste à acheter à des niveaux de support et à vendre à des niveaux de résistance lorsque le marché évolue latéralement dans une fourchette de prix définie.

**Outils utilisés :**

- **Niveaux de support et de résistance** : Identifiés sur les graphiques pour déterminer les zones d'achat et de vente.

- **Indicateurs de momentum** : Comme le RSI ou le Stochastique, pour confirmer les conditions de surachat et de survente.

**Mise en œuvre :**

- **Entrée** : Acheter à proximité des niveaux de support et vendre à proximité des niveaux de résistance.
- **Sortie** : Placer des stops en dessous des niveaux de support pour les positions longues et au-dessus des niveaux de résistance pour les positions courtes. Prendre des bénéfices lorsque le prix atteint le niveau opposé de la fourchette de trading.

### 5. Stratégie de divergence (Divergence Trading)

**Description** : Cette stratégie utilise les divergences entre les indicateurs techniques et les mouvements de prix pour identifier les retournements de tendance.

**Outils utilisés :**

- **RSI (Relative Strength Index)** et **MACD (Moving Average Convergence Divergence)** : Pour identifier les divergences haussières et baissières.

**Mise en œuvre :**

- **Entrée** : Acheter lorsque le prix fait des creux plus bas mais que le RSI ou le MACD fait des creux plus élevés (divergence haussière). Vendre lorsque le prix fait des sommets plus élevés mais que le RSI ou le MACD fait des sommets plus bas (divergence baissière).
- **Sortie** : Placer des stops au-dessous du creux précédent pour les positions longues et au-dessus du sommet précédent pour les positions courtes. Prendre des bénéfices en utilisant des niveaux de support et de résistance ou des indicateurs techniques.

# Chapitre 5

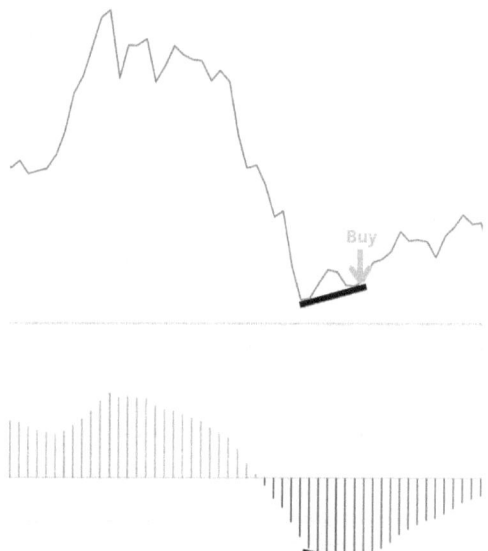

**Conclusion**

Les stratégies de trading basées sur l'analyse technique offrent aux traders diverses approches pour tirer parti des mouvements de prix sur les marchés financiers. En utilisant des indicateurs techniques et des figures chartistes, les traders peuvent identifier les tendances, les retournements et les ruptures potentielles, et prendre des décisions de trading informées. Une compréhension approfondie de ces stratégies et leur application rigoureuse peuvent aider les traders à améliorer leur performance et à gérer les risques sur les marchés financiers.

# Chapitre 6

## Chapitre 6 : Analyse fondamentale

## Définition et principes de base de l'analyse fondamentale

### Définition de l'analyse fondamentale

L'analyse fondamentale est une méthode d'évaluation de la valeur intrinsèque d'un actif financier en examinant des facteurs économiques, financiers, et autres qualitatifs et quantitatifs. Contrairement à l'analyse technique, qui se concentre sur les mouvements de prix et les modèles graphiques, l'analyse fondamentale cherche à comprendre le véritable potentiel d'un actif sous-jacent.

**Objectif principal** : L'objectif de l'analyse fondamentale est de déterminer si un actif est correctement évalué par le marché. En identifiant la valeur intrinsèque d'un actif et en la comparant à son prix actuel, les investisseurs peuvent décider s'ils doivent acheter, vendre ou conserver l'actif.

### Principes de base de l'analyse fondamentale

1. **Valeur intrinsèque :**
   - **Définition** : La valeur intrinsèque est la valeur réelle d'un actif, calculée à partir de ses fondamentaux économiques et financiers. Elle ne dépend pas du prix actuel du marché, mais plutôt des performances sous-jacentes de l'actif.
   - **Évaluation** : Les analystes fondamentaux utilisent diverses méthodes pour évaluer la valeur intrinsèque, notamment les modèles d'actualisation des flux de trésorerie (DCF), les ratios financiers, et l'analyse des états financiers.

2. **Analyse qualitative :**
   - **Gestion et gouvernance** : L'efficacité de la direction de l'entreprise, sa vision stratégique, et sa gouvernance d'entreprise sont des éléments cruciaux pour évaluer la performance future.
   - **Modèle d'affaires** : Comprendre comment l'entreprise génère des revenus, sa position concurrentielle, et ses avantages concurrentiels.

- **Position sur le marché** : La part de marché de l'entreprise, ses principaux concurrents, et sa capacité à maintenir ou à améliorer sa position.

3. **Analyse quantitative** :
   - **États financiers** : Analyse détaillée du bilan, du compte de résultat, et du tableau des flux de trésorerie pour comprendre la santé financière de l'entreprise.
   - **Ratios financiers** : Utilisation de divers ratios pour évaluer la rentabilité, la liquidité, la solvabilité, et l'efficacité de l'entreprise.
   - **Prévisions financières** : Projection des performances futures basées sur des modèles financiers, des tendances historiques, et des attentes de croissance.

4. **Environnement économique** :
   - **Conditions économiques générales** : Facteurs macroéconomiques tels que la croissance du PIB, l'inflation, les taux d'intérêt, et le chômage, qui peuvent influencer la performance de l'entreprise.
   - **Politiques gouvernementales** : Réglementations, politiques fiscales et monétaires, et autres interventions gouvernementales qui peuvent affecter l'industrie ou l'entreprise spécifique.

5. **Analyse sectorielle** :
   - **Dynamique du secteur** : Comprendre les tendances, les opportunités, et les défis spécifiques au secteur d'activité de l'entreprise.
   - **Cycle économique du secteur** : Analyse des cycles de croissance et de récession spécifiques au secteur, et comment ils influencent la performance des entreprises.

6. **Facteurs spécifiques à l'entreprise** :
   - **Avantages concurrentiels** : Identification des facteurs qui permettent à l'entreprise de se démarquer de ses concurrents, tels que la propriété

# Chapitre 6

intellectuelle, les coûts de production bas, ou un réseau de distribution solide.

- **Innovation et R&D** : L'investissement dans la recherche et le développement, l'innovation de produits, et la capacité à lancer de nouveaux produits sur le marché.

## Exemple d'application

Pour illustrer l'application de l'analyse fondamentale, considérons une entreprise technologique fictive, TechInnov Inc. :

1. **Analyse qualitative :**
   - **Gestion** : TechInnov est dirigée par une équipe de gestion expérimentée ayant une solide expérience dans le secteur technologique.
   - **Modèle d'affaires** : L'entreprise génère des revenus principalement par la vente de logiciels et de services cloud. Elle détient une position dominante sur le marché avec une part de marché de 40%.

2. **Analyse quantitative :**
   - **États financiers** : Le bilan de TechInnov montre des actifs importants en liquidités et en investissements à court terme. Le compte de résultat révèle une croissance annuelle des revenus de 15% et un bénéfice net en augmentation.
   - **Ratios financiers** : Le ratio PER est de 25, indiquant une valorisation relativement élevée par rapport à ses bénéfices actuels. Le ROE est de 20%, montrant une utilisation efficace des capitaux propres.

3. **Environnement économique :**
   - **Conditions économiques** : Le secteur technologique bénéficie d'une forte demande en raison de la numérisation croissante des entreprises et de la montée en puissance des services cloud.

## Chapitre 6

- **Politiques gouvernementales** : Les politiques favorables à l'innovation technologique et les crédits d'impôt pour la recherche et le développement soutiennent la croissance de TechInnov.

4. **Analyse sectorielle** :
   - **Dynamique du secteur** : Le secteur des technologies de l'information est en expansion rapide, avec des opportunités significatives dans l'intelligence artificielle et les services cloud.
   - **Cycle économique** : Le secteur est actuellement en phase d'expansion, bénéficiant de l'augmentation des dépenses technologiques des entreprises.

5. **Facteurs spécifiques à l'entreprise** :
   - **Avantages concurrentiels** : TechInnov dispose d'une technologie brevetée qui lui confère un avantage concurrentiel significatif et d'un réseau de distribution global.
   - **Innovation et R&D** : L'entreprise investit 15% de ses revenus en R&D, assurant un flux constant de nouveaux produits et services innovants.

### Conclusion

L'analyse fondamentale est une approche globale qui combine l'évaluation des états financiers, l'analyse des ratios, l'examen des facteurs économiques et sectoriels, ainsi que l'évaluation des aspects qualitatifs de l'entreprise. En fournissant une vue d'ensemble complète de la santé et du potentiel d'une entreprise, l'analyse fondamentale permet aux investisseurs de prendre des décisions éclairées et de réaliser des investissements judicieux.

### Les états financiers : bilan, compte de résultat, tableau des flux de trésorerie

Les états financiers sont des documents essentiels pour l'analyse fondamentale. Ils fournissent une image complète de la situation financière, des performances et des flux de trésorerie d'une entreprise. Voici une explication détaillée de chacun des principaux états financiers : le bilan, le compte de résultat, et le tableau des flux de trésorerie.

## 1. Le Bilan (Balance Sheet)

Le bilan est un instantané de la situation financière d'une entreprise à un moment donné. Il présente les actifs, les passifs et les capitaux propres de l'entreprise.

**Structure du Bilan :**

- **Actifs :**
    - **Actifs courants** : Ce sont les ressources que l'entreprise prévoit de convertir en liquidités ou d'utiliser dans l'année. Ils incluent la trésorerie, les créances clients, les stocks, etc.
    - **Actifs non courants** : Ce sont les ressources à long terme de l'entreprise, telles que les immobilisations (terrains, bâtiments, équipements), les brevets, et autres actifs intangibles.
- **Passifs :**
    - **Passifs courants** : Ce sont les obligations que l'entreprise doit régler dans l'année, comme les dettes fournisseurs, les emprunts à court terme, etc.
    - **Passifs non courants** : Ce sont les dettes à long terme, telles que les emprunts à long terme, les obligations, etc.
- **Capitaux propres :**
    - **Capital social** : Montant investi par les actionnaires.
    - **Réserves et résultats accumulés** : Bénéfices non distribués et autres réserves.

**Exemple de Bilan :**

| Actifs | Montant | Passifs et Capitaux propres | Montant |
|---|---|---|---|
| **Actifs courants** | | **Passifs courants** | |
| Trésorerie | 10 000 € | Dettes fournisseurs | 5 000 € |
| Créances clients | 8 000 € | Emprunts à court terme | 3 000 € |
| Stocks | 7 000 € | | |
| Total Actifs courants | 25 000 € | Total Passifs courants | 8 000 € |
| **Actifs non courants** | | **Passifs non courants** | |
| Immobilisations | 50 000 € | Emprunts à long terme | 20 000 € |
| Brevets | 5 000 € | | |
| Total Actifs non courants | 55 000 € | Total Passifs non courants | 20 000 € |
| **Capitaux propres** | | Capital social | 30 000 € |
| | | Réserves | 22 000 € |
| **Total Actifs** | 80 000 € | **Total Passifs et Capitaux propres** | 80 000 € |

# Chapitre 6

## 2. Le Compte de Résultat (Income Statement)

Le compte de résultat présente les performances financières de l'entreprise sur une période donnée, généralement un trimestre ou une année. Il détaille les revenus, les coûts et les bénéfices de l'entreprise.

**Structure du Compte de Résultat :**

- **Revenus** : Total des ventes ou du chiffre d'affaires généré par l'entreprise.
- **Coût des ventes** : Coût direct associé à la production des biens ou services vendus.
- **Marge brute** : Différence entre les revenus et le coût des ventes.
- **Dépenses d'exploitation** : Coûts indirects comme les salaires, le loyer, les frais généraux, etc.
- **Résultat d'exploitation** : Marge brute moins les dépenses d'exploitation.
- **Autres revenus et dépenses** : Revenus ou coûts non liés à l'exploitation principale de l'entreprise, tels que les intérêts, les gains ou pertes exceptionnels.
- **Résultat avant impôts** : Résultat d'exploitation ajusté des autres revenus et dépenses.
- **Impôts sur les bénéfices** : Montant des impôts dus sur le résultat avant impôts.
- **Résultat net** : Bénéfice ou perte après impôts.

**Exemple de Compte de Résultat :**

| Compte de Résultat | Montant |
|---|---|
| Revenus | 100 000 € |
| Coût des ventes | 60 000 € |
| **Marge brute** | 40 000 € |
| Dépenses d'exploitation | 20 000 € |
| **Résultat d'exploitation** | 20 000 € |
| Autres revenus | 2 000 € |
| Autres dépenses | 1 000 € |
| **Résultat avant impôts** | 21 000 € |
| Impôts sur les bénéfices | 5 000 € |
| **Résultat net** | 16 000 € |

### 3. Le Tableau des Flux de Trésorerie (Cash Flow Statement)

Le tableau des flux de trésorerie montre les mouvements de trésorerie entrants et sortants de l'entreprise sur une période donnée. Il permet d'évaluer la liquidité de l'entreprise et sa capacité à générer des liquidités pour financer ses opérations, rembourser ses dettes, et investir.

**Structure du Tableau des Flux de Trésorerie :**

- **Flux de trésorerie opérationnels** : Liquidités générées ou utilisées par les activités principales de l'entreprise (ventes, achats de matières premières, salaires, etc.).
- **Flux de trésorerie d'investissement** : Liquidités dépensées pour l'acquisition ou la vente d'actifs à long terme (immobilisations, investissements financiers, etc.).
- **Flux de trésorerie de financement** : Liquidités provenant ou utilisées pour les activités de financement (émission d'actions, emprunts, remboursement de dettes, versement de dividendes).

# Chapitre 6

**Exemple de Tableau des Flux de Trésorerie :**

| Tableau des Flux de Trésorerie | Montant |
|---|---|
| **Flux de trésorerie opérationnels** | |
| Bénéfice net | 16 000 € |
| Ajustements pour non-liquidités | |
| Amortissement | 3 000 € |
| Variation du fonds de roulement | (2 000 €) |
| **Total flux opérationnels** | 17 000 € |
| **Flux de trésorerie d'investissement** | |
| Achats d'immobilisations | (5 000 €) |
| Vente d'actifs | 1 000 € |
| **Total flux d'investissement** | (4 000 €) |
| **Flux de trésorerie de financement** | |
| Emprunts | 10 000 € |
| Remboursement de dettes | (3 000 €) |
| Dividendes versés | (2 000 €) |
| **Total flux de financement** | 5 000 € |
| **Variation nette de la trésorerie** | 18 000 € |
| Trésorerie au début de la période | 10 000 € |
| **Trésorerie à la fin de la période** | 28 000 € |

## Chapitre 6

**Conclusion**

Les états financiers sont des outils cruciaux pour l'analyse fondamentale, permettant aux investisseurs de comprendre la santé financière, les performances, et la liquidité d'une entreprise. En analysant le bilan, le compte de résultat, et le tableau des flux de trésorerie, les investisseurs peuvent prendre des décisions informées sur l'achat, la vente ou la conservation d'un actif financier.

### Les ratios financiers : PER, ROE, ROA, etc.

Les ratios financiers sont des outils indispensables pour analyser la santé financière et les performances d'une entreprise. Ils permettent de comparer les données financières entre différentes entreprises et d'évaluer leur rentabilité, leur solvabilité, leur liquidité, et leur efficacité opérationnelle. Voici une explication détaillée de certains des ratios financiers les plus couramment utilisés.

**1. Price-to-Earnings Ratio (PER)**

Le ratio cours/bénéfice (PER) est l'un des ratios les plus populaires. Il compare le prix actuel de l'action d'une entreprise à son bénéfice par action (BPA).

**Formule :** $$PER = \frac{\text{Prix de l'action}}{\text{Bénéfice par action (BPA)}}$$

**Interprétation :**

- Un PER élevé peut indiquer que le marché s'attend à une forte croissance future des bénéfices de l'entreprise.
- Un PER faible peut suggérer que l'entreprise est sous-évaluée ou que le marché s'attend à une croissance faible des bénéfices.

**Exemple :** Si une action se vend à 50 € et que le BPA est de 5 €, alors :

$$PER = \frac{50}{5} = 10$$

**2. Return on Equity (ROE)**

Le retour sur fonds propres (ROE) mesure la rentabilité financière d'une entreprise en indiquant combien de bénéfices elle génère avec l'argent des actionnaires.

**Formule :** $$ROE = \frac{\text{Résultat net}}{\text{Capitaux propres}}$$

**Interprétation :**

- Un ROE élevé indique que l'entreprise utilise efficacement les fonds des actionnaires pour générer des bénéfices.
- Un ROE faible peut signaler une gestion inefficace ou des difficultés financières.

**Exemple :** Si le résultat net est de 20 000 € et les capitaux propres sont de 100 000 €, alors :

$$\text{ROE} = \frac{20000}{100000} = 0,2 \text{ ou } 20\%$$

### 3. Return on Assets (ROA)

Le retour sur actifs (ROA) mesure l'efficacité avec laquelle une entreprise utilise ses actifs pour générer des bénéfices.

**Formule :** $\text{ROA} = \frac{\text{Résultat net}}{\text{Total des actifs}}$

**Interprétation :**

- Un ROA élevé indique que l'entreprise est efficace dans l'utilisation de ses actifs pour générer des bénéfices.
- Un ROA faible peut indiquer une utilisation inefficace des actifs.

**Exemple :** Si le résultat net est de 20 000 € et le total des actifs est de 200 000 €, alors :

$$\text{ROA} = \frac{20000}{200000} = 0,1 \text{ ou } 10\%$$

### 4. Debt-to-Equity Ratio (D/E)

Le ratio d'endettement (D/E) compare le total des dettes d'une entreprise à ses capitaux propres, indiquant dans quelle mesure l'entreprise utilise l'emprunt pour financer ses actifs.

**Formule :** $\text{D/E} = \frac{\text{Total des dettes}}{\text{Capitaux propres}}$

**Interprétation :**

- Un D/E élevé indique une plus grande utilisation de la dette, ce qui peut augmenter le risque financier.
- Un D/E faible suggère que l'entreprise est moins dépendante de la dette pour financer ses opérations.

**Exemple** : Si le total des dettes est de 50 000 € et les capitaux propres sont de 100 000 €, alors :

$$D/E = \frac{50000}{100000} = 0,5$$

## 5. Current Ratio

Le ratio de liquidité générale mesure la capacité d'une entreprise à couvrir ses passifs courants avec ses actifs courants.

**Formule** : $\text{Current Ratio} = \frac{\text{Actifs courants}}{\text{Passifs courants}}$

**Interprétation** :

- Un ratio supérieur à 1 indique que l'entreprise dispose de suffisamment d'actifs courants pour couvrir ses passifs courants.
- Un ratio inférieur à 1 peut signaler des problèmes de liquidité à court terme.

**Exemple** : Si les actifs courants sont de 30 000 € et les passifs courants sont de 20 000 €, alors :

$$\text{Current Ratio} = \frac{30000}{20000} = 1,5$$

## 6. Quick Ratio (Acid-Test Ratio)

Le ratio de liquidité immédiate (quick ratio) est une version plus stricte du ratio de liquidité générale, qui exclut les stocks des actifs courants.

**Formule** : $\text{Quick Ratio} = \frac{\text{Actifs courants} - \text{Stocks}}{\text{Passifs courants}}$

**Interprétation** :

- Un quick ratio supérieur à 1 indique une bonne liquidité à court terme sans compter sur la vente des stocks.
- Un quick ratio inférieur à 1 peut indiquer des problèmes de liquidité à court terme.

**Exemple** : Si les actifs courants sont de 30 000 €, les stocks sont de 5 000 €, et les passifs courants sont de 20 000 €, alors :

$$\text{Quick Ratio} = \frac{30000 - 5000}{20000} = 1,25$$

# Chapitre 6

## 7. Dividend Yield

Le rendement du dividende mesure le montant du dividende annuel versé par action par rapport au prix de l'action.

**Formule :** $\text{Dividend Yield} = \frac{\text{Dividende annuel par action}}{\text{Prix de l'action}}$

**Interprétation :**

- Un rendement du dividende élevé peut attirer les investisseurs à la recherche de revenus réguliers.
- Un rendement du dividende faible peut indiquer que l'entreprise préfère réinvestir ses bénéfices pour la croissance future.

**Exemple :** Si le dividende annuel par action est de 2 € et le prix de l'action est de 40 €, alors :

$$\text{Dividend Yield} = \frac{2}{40} = 0,05 \text{ ou } 5\%$$

### Conclusion

Les ratios financiers sont des outils puissants pour évaluer la santé financière et les performances d'une entreprise. En utilisant des ratios comme le PER, le ROE, le ROA, le D/E, le current ratio, le quick ratio, et le dividend yield, les investisseurs peuvent obtenir une compréhension approfondie des aspects clés de la performance financière de l'entreprise, tels que la rentabilité, la solvabilité, la liquidité, et l'efficacité opérationnelle. Ces ratios aident à comparer les entreprises entre elles et à prendre des décisions d'investissement plus éclairées.

## Analyse sectorielle et économique

L'analyse sectorielle et économique est une composante essentielle de l'analyse fondamentale. Elle permet aux investisseurs de comprendre le contexte dans lequel une entreprise opère, y compris les dynamiques de son secteur et les facteurs économiques plus larges qui peuvent influencer ses performances. Voici un aperçu de cette approche :

# Chapitre 6

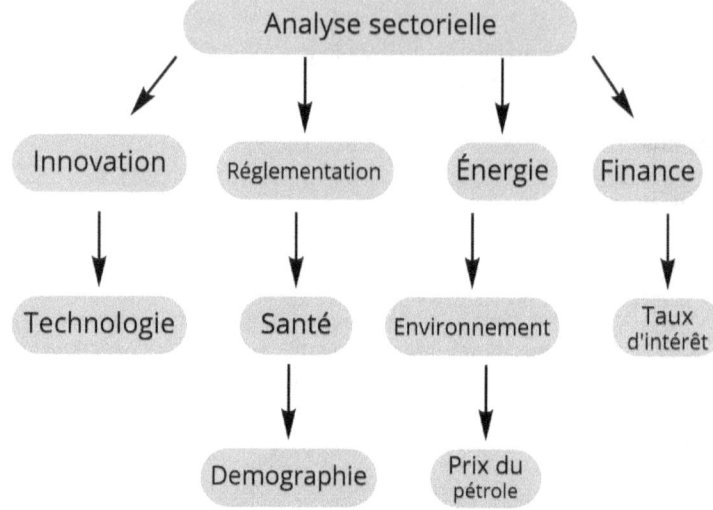

Ce schéma représente la classification des différents types d'instruments financiers.

## 1. Analyse sectorielle

L'analyse sectorielle consiste à examiner les caractéristiques et les conditions spécifiques d'un secteur industriel pour évaluer la position concurrentielle et les perspectives de croissance des entreprises qui y opèrent. Voici les éléments clés à considérer dans une analyse sectorielle :

### 1.1. Compréhension du secteur

- **Définition du secteur** : Identifiez les limites du secteur, y compris les types d'entreprises et de produits ou services qu'il englobe.
- **Tendances du secteur** : Analysez les tendances actuelles et futures qui peuvent affecter le secteur, comme les avancées technologiques, les changements de réglementation, et les évolutions des préférences des consommateurs.

### 1.2. Structure du secteur

- **Concurrence** : Évaluez le niveau de concurrence dans le secteur. Utilisez des modèles comme les Cinq Forces de Porter pour comprendre les forces concurrentielles, y compris la menace de nouveaux entrants, le pouvoir de négociation des fournisseurs et des clients, la menace des produits de substitution, et la rivalité entre les concurrents existants.

# Chapitre 6

- **Barrières à l'entrée** : Identifiez les obstacles que les nouvelles entreprises doivent surmonter pour entrer sur le marché, comme les coûts initiaux élevés, les exigences réglementaires, et les brevets ou droits de propriété intellectuelle.
- **Cycle de vie du secteur** : Déterminez si le secteur est en phase de croissance, de maturité ou de déclin. Les stratégies et les attentes des entreprises peuvent varier considérablement en fonction de leur position dans le cycle de vie du secteur.

### 1.3. Analyse SWOT

- **Forces et faiblesses** : Identifiez les points forts et les points faibles du secteur, comme les compétences clés, les ressources, et les inefficacités structurelles.
- **Opportunités et menaces** : Évaluez les opportunités de croissance et les menaces potentielles, telles que les nouvelles technologies, les changements de réglementation, et les conditions économiques.

### 1.4. Performance financière sectorielle

- **Moyennes sectorielles** : Comparez les ratios financiers moyens du secteur (comme le PER, le ROE, et le ROA) pour évaluer la performance relative des entreprises individuelles.
- **Benchmarks** : Utilisez des benchmarks pour comparer les performances financières des entreprises et identifier les leaders du secteur.

## 2. Analyse économique

L'analyse économique examine les facteurs macroéconomiques qui peuvent influencer les performances d'une entreprise ou d'un secteur. Voici les principaux éléments à considérer dans une analyse économique :

### 2.1. Croissance économique

- **PIB (Produit Intérieur Brut)** : Évaluez la croissance économique globale à travers les taux de croissance du PIB. Une économie en expansion peut favoriser la croissance des entreprises, tandis qu'une récession peut poser des défis.

- **Cycle économique** : Identifiez la phase actuelle du cycle économique (expansion, pic, contraction, creux) pour anticiper les impacts potentiels sur les entreprises et les secteurs.

## 2.2. Politique monétaire et fiscale

- **Taux d'intérêt** : Les taux d'intérêt influencent le coût du capital pour les entreprises. Des taux d'intérêt bas peuvent encourager l'investissement, tandis que des taux élevés peuvent freiner la croissance.
- **Politique fiscale** : Analysez les politiques fiscales, comme les taux d'imposition des entreprises et les incitations fiscales, qui peuvent affecter la rentabilité des entreprises.

## 2.3. Inflation

- **Taux d'inflation** : Un taux d'inflation élevé peut éroder le pouvoir d'achat des consommateurs et augmenter les coûts des intrants pour les entreprises. Il est important de comprendre comment l'inflation affecte les prix, les marges bénéficiaires, et la demande.

## 2.4. Commerce international

- **Taux de change** : Les fluctuations des taux de change peuvent affecter les entreprises exportatrices et importatrices. Une monnaie forte peut rendre les exportations plus chères, tandis qu'une monnaie faible peut favoriser les exportations.
- **Barrières commerciales** : Évaluez les tarifs douaniers, les quotas, et les accords commerciaux qui peuvent influencer les échanges internationaux et la compétitivité des entreprises.

## 2.5. Indicateurs économiques avancés

- **Indicateurs avancés** : Suivez les indicateurs économiques avancés, comme les indices des directeurs d'achat (PMI), les demandes initiales de chômage, et les niveaux de stocks, qui peuvent fournir des indices sur la direction future de l'économie.

## Chapitre 6

**Conclusion**

L'analyse sectorielle et économique fournit un cadre essentiel pour comprendre le contexte dans lequel une entreprise opère. En analysant les caractéristiques spécifiques du secteur et les conditions macroéconomiques, les investisseurs peuvent évaluer les opportunités et les risques potentiels, et prendre des décisions d'investissement plus éclairées. Ces analyses permettent de situer les performances d'une entreprise dans un contexte plus large, offrant ainsi une vue d'ensemble plus complète et stratégique.

**Étude de cas : Analyse fondamentale d'une entreprise**

Pour illustrer l'analyse fondamentale, prenons l'exemple de l'entreprise fictive "Tech Innovators Inc.", une société cotée en bourse spécialisée dans les technologies de l'information. Nous allons examiner ses états financiers, calculer quelques ratios financiers clés, et analyser son secteur et l'économie globale pour évaluer son potentiel d'investissement.

**1. Analyse des états financiers**

Les états financiers de Tech Innovators Inc. sont essentiels pour comprendre sa santé financière et ses performances. Voici un résumé des informations clés tirées de son bilan, compte de résultat, et tableau des flux de trésorerie.

**Bilan :**

| Éléments | Valeur (en millions d'euros) |
|---|---|
| Actifs courants | 500 |
| Actifs non courants | 1,500 |
| Total des actifs | 2,000 |
| Passifs courants | 300 |
| Passifs non courants | 700 |
| Capitaux propres | 1,000 |

**Compte de résultat :**

| Éléments | Valeur (en millions d'euros) |
|---|---|
| Chiffre d'affaires | 2,000 |
| Coût des marchandises vendues | 1,200 |
| Résultat brut | 800 |
| Frais d'exploitation | 400 |
| Résultat opérationnel | 400 |
| Charges financières | 50 |
| Résultat net | 350 |

**Tableau des flux de trésorerie :**

| Éléments | Valeur (en millions d'euros) |
|---|---|
| Flux de trésorerie d'exploitation | 400 |
| Flux de trésorerie d'investissement | -200 |
| Flux de trésorerie de financement | 100 |
| Variation nette de la trésorerie | 300 |

**2. Calcul des ratios financiers**

Sur la base des états financiers, nous pouvons calculer plusieurs ratios financiers pour évaluer la performance de Tech Innovators Inc.

## Chapitre 6

**PER (Price-to-Earnings Ratio) :**

Supposons que le prix de l'action est de 50 € et qu'il y a 10 millions d'actions en circulation.

$$BPA = \frac{\text{Résultat net}}{\text{Nombre d'actions}} = \frac{350 \text{ millions}}{10 \text{ millions}} = 35€$$

$$PER = \frac{\text{Prix de l'action}}{\text{Bénéfice par action}} = \frac{50€}{35€} \approx 1.43$$

**ROE (Return on Equity) :**

$$ROE = \frac{\text{Résultat net}}{\text{Capitaux propres}} = \frac{350 \text{ millions}}{1{,}000 \text{ millions}} = 0.35 \text{ ou } 35\%$$

**ROA (Return on Assets) :**

$$ROA = \frac{\text{Résultat net}}{\text{Total des actifs}} = \frac{350 \text{ millions}}{2{,}000 \text{ millions}} = 0.175 \text{ ou } 17.5\%$$

**Ratio d'endettement (D/E) :**

$$D/E = \frac{\text{Total des dettes}}{\text{Capitaux propres}} = \frac{(300+700) \text{ millions}}{1{,}000 \text{ millions}} = 1$$

**Current Ratio (Ratio de liquidité générale) :**

$$\text{Current Ratio} = \frac{\text{Actifs courants}}{\text{Passifs courants}} = \frac{500 \text{ millions}}{300 \text{ millions}} \approx 1.67$$

**Quick Ratio (Ratio de liquidité immédiate) :**

$$\text{Quick Ratio} = \frac{\text{Actifs courants} - \text{Stocks}}{\text{Passifs courants}} = \frac{500 \text{ millions} - 100 \text{ millions}}{300 \text{ millions}}$$

### 3. Analyse sectorielle

Tech Innovators Inc. opère dans le secteur technologique, caractérisé par une forte innovation, une croissance rapide, et une concurrence intense. Voici les points clés de l'analyse sectorielle :

**Tendances du secteur :**

- **Innovation technologique** : Le secteur est marqué par des avancées rapides en IA, en cloud computing, et en cyber-sécurité.
- **Réglementation** : Des régulations croissantes concernant la confidentialité des données et la sécurité.
- **Demande** : Une demande soutenue pour des solutions technologiques avancées dans divers secteurs, y compris la finance, la santé, et le commerce de détail.

**Structure du secteur :**

- **Concurrence** : Haute, avec de nombreux acteurs, allant des startups aux géants établis comme Apple et Microsoft.
- **Barrières à l'entrée** : Modérées, en raison des besoins élevés en R&D et des droits de propriété intellectuelle.

**Cycle de vie du secteur :**

- Le secteur technologique est généralement en phase de croissance, mais certaines sous-sections peuvent être plus matures.

### 4. Analyse économique

**Croissance économique :**

- **PIB** : La croissance économique mondiale est stable, avec des prévisions de croissance modérées.
- **Cycle économique** : Actuellement en phase d'expansion, favorable à l'investissement.

**Politique monétaire et fiscale :**

- **Taux d'intérêt** : Relativement bas, encourageant les investissements en technologie.
- **Politique fiscale** : Incitations fiscales pour les investissements en R&D dans plusieurs pays.

**Inflation :**

- Modérée, avec une pression inflationniste limitée sur les coûts des intrants pour le secteur technologique.

## Chapitre 6

**Commerce international :**

- **Taux de change** : Les fluctuations peuvent affecter les revenus des exportations, mais Tech Innovators Inc. a diversifié ses marchés.
- **Barrières commerciales** : Les tensions commerciales entre grandes économies peuvent poser des risques, mais les accords commerciaux en place soutiennent généralement le secteur.

### Conclusion

L'analyse fondamentale de Tech Innovators Inc. montre une entreprise avec une solide performance financière, une position concurrentielle favorable dans un secteur en croissance, et un contexte économique globalement positif. Les ratios financiers indiquent une rentabilité élevée (ROE de 35% et ROA de 17.5%), une gestion raisonnable de la dette (D/E de 1), et une bonne liquidité à court terme (current ratio de 1.67 et quick ratio de 1.33).

En combinant ces analyses, les investisseurs peuvent conclure que Tech Innovators Inc. est une entreprise prometteuse avec un potentiel de croissance significatif, bien qu'ils doivent rester vigilants face aux risques liés à la concurrence et aux fluctuations économiques.

# Chapitre 7 : Stratégies d'investissement

## Investissement à long terme vs trading à court terme

| Aspect | Investissement à long terme | Trading à court terme |
|---|---|---|
| Horizon temporel | Années | Jours/semaines |
| Objectifs | Croissance du capital | Gains rapides |
| Risques | Volatilité réduite | Volatilité élevée |
| Fréquence des transactions | Faible | Élevée |
| Analyse | Fondamentale | Technique |

### Investissement à long terme

L'investissement à long terme consiste à acheter des actifs financiers tels que des actions, des obligations ou des biens immobiliers et à les conserver pendant une période prolongée, souvent plusieurs années voire des décennies. Cette approche repose sur l'idée que les marchés financiers ont tendance à croître sur le long terme, même s'ils peuvent subir des fluctuations à court terme.

**Principes de base :**

- **Buy and Hold (Acheter et conserver) :** L'idée principale est de choisir des investissements solides et de les garder pendant une longue période.
- **Réinvestissement des dividendes :** Les dividendes reçus sont réinvestis pour acheter plus d'actions, ce qui augmente le potentiel de rendement grâce à l'effet composé.
- **Analyse fondamentale :** Les décisions d'investissement sont basées sur l'analyse des fondamentaux de l'entreprise, tels que les bénéfices, les perspectives de croissance et les avantages compétitifs.

# Chapitre 7

**Avantages :**

- **Simplicité et coûts réduits :** Moins de transactions, donc moins de frais de courtage et d'impôts sur les gains en capital à court terme.
- **Résilience aux fluctuations du marché :** Les investisseurs à long terme sont moins affectés par les fluctuations quotidiennes ou mensuelles du marché.
- **Effet de l'intérêt composé :** Les rendements réinvestis peuvent croître de manière exponentielle au fil du temps.

**Inconvénients :**

- **Immobilisation des capitaux :** Les fonds investis ne sont pas facilement accessibles en cas de besoin urgent de liquidités.
- **Risque de marché :** Les crises économiques prolongées peuvent affecter négativement les rendements à long terme.
- **Patience nécessaire :** Les investisseurs doivent être patients et éviter les réactions impulsives aux fluctuations du marché.

**Exemples :**

- **Warren Buffett :** Célèbre pour son approche d'investissement à long terme, en se concentrant sur des entreprises avec des avantages compétitifs durables.
- **Portefeuilles de retraite :** Souvent composés d'actions, d'obligations et d'autres actifs détenus sur plusieurs décennies pour financer la retraite.

## Trading à court terme

Le trading à court terme implique l'achat et la vente d'actifs financiers sur des périodes très courtes, allant de quelques secondes à plusieurs semaines. Cette approche vise à tirer profit des variations de prix à court terme.

**Principes de base :**

- **Day Trading :** Acheter et vendre des actions ou d'autres actifs financiers le même jour pour profiter des petites fluctuations de prix.
- **Swing Trading :** Tenir des positions pendant quelques jours à quelques semaines pour capturer les mouvements de prix plus importants.

- **Analyse technique :** Les décisions de trading sont souvent basées sur des analyses techniques, telles que les graphiques de prix, les modèles de chandeliers et les indicateurs techniques.

**Avantages :**

- **Liquidité :** Les capitaux ne sont pas immobilisés longtemps, permettant un accès rapide aux fonds.
- **Opportunités fréquentes :** Possibilité de réaliser des gains rapides en exploitant les mouvements de prix à court terme.
- **Flexibilité :** Les traders peuvent ajuster rapidement leurs stratégies en fonction des conditions du marché.

**Inconvénients :**

- **Complexité :** Nécessite une surveillance constante du marché et des connaissances approfondies en analyse technique.
- **Coûts élevés :** Les frais de transaction et les taxes peuvent réduire les gains. Le trading fréquent peut également entraîner des frais de courtage importants.
- **Stress :** Le trading à court terme peut être mentalement et émotionnellement éprouvant en raison des fluctuations rapides du marché.

**Exemples :**

- **Day Traders :** Traders individuels ou professionnels qui achètent et vendent des actifs financiers le même jour, souvent à l'aide de plateformes de trading en ligne.
- **High-Frequency Trading (HFT) :** Utilisation d'algorithmes pour exécuter des transactions à très haute vitesse, souvent en quelques millisecondes.

**Conclusion**

Choisir entre l'investissement à long terme et le trading à court terme dépend de divers facteurs, tels que les objectifs financiers, l'horizon temporel, la tolérance au risque et le niveau de connaissance des marchés financiers. L'investissement à long terme est idéal pour ceux qui recherchent la simplicité, la croissance stable et les effets de l'intérêt composé, tandis que le trading à court terme convient à ceux qui ont une tolérance au risque plus élevée et qui sont capables de surveiller activement les marchés. Une compréhension claire de ces deux approches permet aux

## Chapitre 7

investisseurs de choisir la stratégie qui correspond le mieux à leurs besoins et à leurs objectifs.

## Stratégies de diversification

La diversification est une technique de gestion de portefeuille visant à réduire le risque en répartissant les investissements sur différents actifs ou classes d'actifs. Cette approche est basée sur le principe que des actifs diversifiés réagiront différemment aux mêmes événements de marché, réduisant ainsi la volatilité globale du portefeuille. Voici les principales stratégies de diversification :

### 1. Diversification par classes d'actifs

**Actions :**

- **Industries et secteurs différents** : Investir dans des entreprises de secteurs variés comme la technologie, la santé, l'énergie, les services financiers, etc.
- **Régions géographiques variées** : Inclure des actions de marchés domestiques, émergents et internationaux pour profiter de la croissance globale.

**Obligations :**

- **Obligations d'État** : Généralement considérées comme des investissements sûrs avec un faible risque de défaut.
- **Obligations d'entreprises** : Peuvent offrir des rendements plus élevés, mais avec un risque accru.
- **Obligations de différentes maturités** : Courte, moyenne et longue durée pour équilibrer les risques et les rendements.

**Immobilier :**

- **Investissements directs** : Achat de biens immobiliers résidentiels ou commerciaux.
- **Fonds immobiliers (REITs)** : Permettent d'investir dans l'immobilier sans avoir à acheter et gérer des biens directement.

**Matières premières :**

- **Métaux précieux** : Comme l'or et l'argent, souvent utilisés comme valeurs refuges en période d'incertitude économique.

- **Énergie :** Investissements dans le pétrole, le gaz naturel, etc.
- **Produits agricoles :** Comme le blé, le maïs et le café.

| Allocation d'actifs |
|---|
| Actions 50% |
| Obligations 30% |
| Liquidités 10% |
| Immobilier 10% |

## 2. Diversification géographique

Investir dans différentes régions du monde permet de réduire l'impact des risques économiques ou politiques spécifiques à un pays ou une région. Les portefeuilles diversifiés géographiquement peuvent inclure :

- **Marchés développés :** États-Unis, Europe de l'Ouest, Japon.
- **Marchés émergents :** Chine, Inde, Brésil, Russie.
- **Marchés frontières :** Pays en développement avec des économies plus petites et des marchés financiers moins matures.

## 3. Diversification sectorielle

## Chapitre 7

Répartir les investissements sur différents secteurs économiques permet de limiter les risques liés à un secteur spécifique. Par exemple, un portefeuille peut inclure des actions de sociétés technologiques, de santé, de consommation courante, d'énergie, et de services financiers.

**Exemples :**

- **Technologie :** Entreprises comme Apple, Microsoft.
- **Santé :** Sociétés pharmaceutiques et de biotechnologie comme Pfizer, Johnson & Johnson.
- **Consommation courante :** Entreprises de biens de consommation comme Procter & Gamble, Coca-Cola.
- **Énergie :** Compagnies pétrolières et gazières comme ExxonMobil, Chevron.
- **Services financiers :** Banques et institutions financières comme JPMorgan Chase, Goldman Sachs.

### 4. Diversification par styles d'investissement

Diversifier en utilisant différentes stratégies d'investissement peut également réduire les risques. Par exemple :

- **Valeur :** Investir dans des actions considérées comme sous-évaluées par rapport à leurs fondamentaux.
- **Croissance :** Se concentrer sur des entreprises ayant un fort potentiel de croissance future.
- **Rendement :** Prioriser les actions offrant des dividendes élevés.
- **Small Cap vs. Large Cap :** Inclure des actions de petites, moyennes et grandes capitalisations pour équilibrer les risques et les opportunités.

### 5. Diversification par gestion active et passive

Combiner des stratégies de gestion active et passive peut également offrir une diversification supplémentaire.

- **Gestion active :** Gérée par des professionnels cherchant à battre le marché grâce à une sélection active des titres.
- **Gestion passive :** Suivre des indices de marché à travers des fonds indiciels ou des ETF, offrant une exposition large avec des frais généralement plus bas.

## Chapitre 7

**Conclusion**

La diversification est une pierre angulaire de la gestion de portefeuille. En répartissant les investissements sur différents actifs, secteurs, régions géographiques, et styles d'investissement, les investisseurs peuvent réduire les risques et améliorer les rendements ajustés au risque. Une stratégie de diversification bien pensée doit être adaptée aux objectifs financiers, à l'horizon temporel et à la tolérance au risque de chaque investisseur, assurant ainsi une résilience accrue face aux fluctuations du marché.

## La gestion du risque : stop-loss, take-profit, gestion du capital

La gestion du risque est une composante essentielle de toute stratégie d'investissement ou de trading. Elle permet de protéger le capital et de minimiser les pertes potentielles tout en maximisant les gains. Voici un aperçu des principaux outils et techniques de gestion du risque, y compris les ordres stop-loss, take-profit et la gestion du capital.

### Ordres Stop-Loss

Un ordre stop-loss est une instruction donnée à un courtier pour vendre un actif lorsque son prix atteint un certain niveau, afin de limiter les pertes. C'est un outil crucial pour les traders et les investisseurs qui souhaitent protéger leur portefeuille contre des mouvements de prix défavorables.

**Fonctionnement :**

- **Placement :** L'ordre stop-loss est placé en dessous du prix d'achat pour les positions longues (achat) et au-dessus du prix de vente pour les positions courtes (vente à découvert).
- **Exécution :** Lorsque le prix de l'actif atteint le niveau de stop-loss, l'ordre est exécuté automatiquement, vendant l'actif au meilleur prix disponible.

**Avantages :**

- **Limitation des pertes :** Réduit les pertes potentielles en sortant automatiquement d'une position perdante.
- **Discipline :** Aide les investisseurs à éviter les décisions émotionnelles et à rester disciplinés dans leur stratégie.
- **Automatisation :** Exécute automatiquement la vente sans nécessiter une surveillance constante du marché.

**Exemple :**

- Un investisseur achète une action à 50 € et place un stop-loss à 45 €. Si le prix de l'action tombe à 45 €, l'ordre stop-loss se déclenche et la position est vendue, limitant la perte à 5 € par action.

## Ordres Take-Profit

Un ordre take-profit est une instruction donnée à un courtier pour vendre un actif lorsque son prix atteint un certain niveau de profit. Cet outil permet de sécuriser les gains avant que le marché ne se retourne.

**Fonctionnement :**

- **Placement :** L'ordre take-profit est placé au-dessus du prix d'achat pour les positions longues et en dessous du prix de vente pour les positions courtes.
- **Exécution :** Lorsque le prix de l'actif atteint le niveau de take-profit, l'ordre est exécuté automatiquement, vendant l'actif au meilleur prix disponible.

**Avantages :**

- **Sécurisation des gains :** Permet de garantir les profits avant que le marché ne change de direction.
- **Discipline :** Aide à maintenir une stratégie de sortie prédéterminée, évitant les décisions basées sur l'émotion.
- **Automatisation :** Assure que les gains sont réalisés sans besoin de surveillance constante.

**Exemple :**

- Un trader achète une action à 50 € et place un take-profit à 60 €. Si le prix de l'action monte à 60 €, l'ordre take-profit se déclenche et la position est vendue, réalisant un gain de 10 € par action.

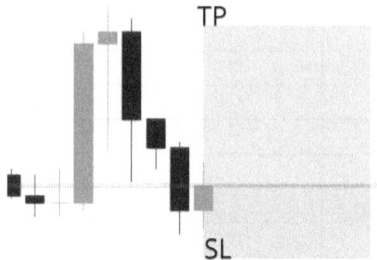

**Gestion du capital**

La gestion du capital est une stratégie visant à déterminer combien d'argent investir dans chaque position et comment répartir les fonds disponibles pour minimiser les risques et maximiser les rendements.

**Principes de base :**

- **Taille des positions :** Déterminer la taille de chaque position en fonction du risque acceptable pour chaque trade ou investissement.
- **Diversification :** Répartir les investissements sur différentes classes d'actifs, secteurs, et régions pour réduire le risque global.
- **Ratio de risque/rendement :** Évaluer le potentiel de gain par rapport au risque encouru pour chaque position, en utilisant des ratios comme le ratio de Sharpe.

**Stratégies :**

- **Règle des 2 % :** Ne risquer que 2 % du capital total sur un seul trade ou investissement. Par exemple, si un investisseur dispose de 10 000 €, il ne risquera que 200 € par position.
- **Rééquilibrage de portefeuille :** Ajuster périodiquement la composition du portefeuille pour maintenir l'allocation d'actifs souhaitée et réduire l'exposition à des risques spécifiques.
- **Gestion des pertes et des profits :** Utiliser des ordres stop-loss et take-profit pour contrôler les pertes et sécuriser les gains, tout en respectant les objectifs de gestion du capital.

## Chapitre 7

**Exemple de gestion du capital :**

- Un investisseur avec un capital de 100 000 € décide de ne pas risquer plus de 2 % par trade, soit 2 000 €. S'il envisage un trade avec un stop-loss placé à 5 % en dessous du prix d'achat, il achètera des actions pour une valeur totale de 40 000 € (puisque 5 % de 40 000 € = 2 000 €).

**Conclusion**

La gestion du risque à travers l'utilisation des ordres stop-loss et take-profit, ainsi que la gestion rigoureuse du capital, est essentielle pour protéger et faire croître un portefeuille d'investissement. En appliquant ces techniques, les investisseurs et les traders peuvent mieux naviguer dans les fluctuations du marché, minimiser leurs pertes et maximiser leurs gains de manière disciplinée et systématique.

### L'investissement socialement responsable (ISR)

L'investissement socialement responsable (ISR) est une approche qui intègre des critères environnementaux, sociaux et de gouvernance (ESG) dans les décisions d'investissement, en plus des objectifs financiers traditionnels. L'objectif de l'ISR est de générer des rendements financiers tout en ayant un impact positif sur la société et l'environnement.

**Définition de l'ISR**

L'ISR consiste à choisir des investissements qui non seulement offrent des rendements financiers attractifs, mais qui sont également alignés avec des valeurs éthiques et des principes de durabilité. Les investisseurs ISR prennent en compte des critères extra-financiers, tels que :

- **Environnemental :** Réduction des émissions de carbone, gestion durable des ressources naturelles, et initiatives de protection de la biodiversité.
- **Social :** Droits des travailleurs, conditions de travail, relations avec les communautés locales, et engagement en faveur de la diversité et de l'inclusion.
- **Gouvernance :** Transparence, indépendance du conseil d'administration, lutte contre la corruption, et respect des droits des actionnaires.

## Chapitre 7

**Principes de base de l'ISR**

1. **Exclusion :**
    - Exclure les entreprises ou secteurs controversés, tels que les armes, le tabac, et les jeux de hasard, de leur univers d'investissement.
    - Exclusion basée sur des critères éthiques ou moraux, tels que le respect des droits de l'homme.
2. **Engagement actionnarial :**
    - Exercer des droits de vote en tant qu'actionnaires pour influencer positivement les pratiques ESG des entreprises.
    - Dialoguer activement avec les entreprises pour encourager des améliorations en matière de durabilité et de responsabilité sociale.
3. **Sélection positive ou "best-in-class" :**
    - Sélectionner les entreprises les plus performantes en termes de critères ESG au sein de chaque secteur.

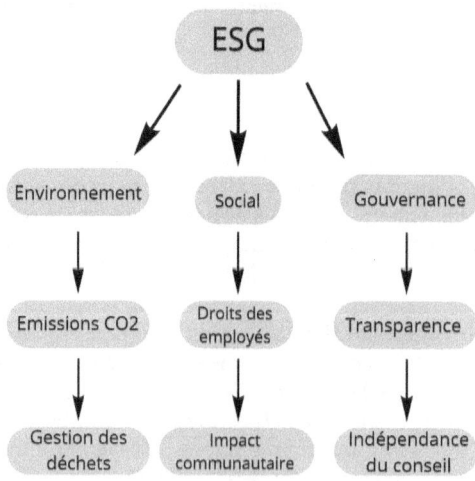

Critères ESG (Environnement, Social, Gouvernance).

- Investir dans des entreprises leaders dans la durabilité et les pratiques responsables.

# Chapitre 7

4. **Intégration ESG :**
   - Intégrer systématiquement les critères ESG dans l'analyse financière et les décisions d'investissement.
   - Évaluer les risques et opportunités ESG en plus des facteurs financiers traditionnels.
5. **Impact investing :**
   - Investir spécifiquement dans des projets ou entreprises dont l'objectif principal est de générer un impact social ou environnemental positif mesurable, en plus d'un rendement financier.

## Avantages de l'ISR

- **Réduction des risques :** Les entreprises performantes en matière de critères ESG sont souvent mieux gérées et moins susceptibles d'être impliquées dans des scandales ou des litiges, ce qui peut réduire les risques pour les investisseurs.
- **Rendements attractifs :** Des études montrent que les investissements ISR peuvent offrir des rendements comparables, voire supérieurs, à ceux des investissements traditionnels, tout en contribuant positivement à la société.
- **Alignement des valeurs :** L'ISR permet aux investisseurs d'aligner leurs portefeuilles avec leurs valeurs personnelles ou institutionnelles, en investissant dans des entreprises qui reflètent leurs principes éthiques.
- **Contribution au développement durable :** En dirigeant des capitaux vers des entreprises et projets durables, l'ISR contribue à la réalisation des Objectifs de développement durable (ODD) des Nations Unies.

## Exemple de mise en œuvre de l'ISR

Un investisseur peut décider de construire un portefeuille ISR en suivant ces étapes :

1. **Établir des critères ESG :** Définir les critères environnementaux, sociaux et de gouvernance qui sont importants pour lui.
2. **Sélectionner des fonds ISR :** Choisir des fonds communs de placement ou des ETFs spécialisés en ISR qui intègrent les critères ESG définis.

## Chapitre 7

3. **Diversifier les investissements :** Répartir les investissements sur différents secteurs et régions tout en respectant les principes de diversification.
4. **Suivre les performances ESG :** Utiliser des outils et des services de notation ESG pour suivre et évaluer les performances ESG des entreprises dans le portefeuille.
5. **Engagement et vote :** Participer activement aux assemblées générales et utiliser les droits de vote pour encourager de meilleures pratiques ESG dans les entreprises.

### Conclusion

L'investissement socialement responsable est une approche d'investissement qui va au-delà des simples rendements financiers pour inclure des critères environnementaux, sociaux et de gouvernance. En adoptant l'ISR, les investisseurs peuvent non seulement viser des performances financières attractives, mais aussi contribuer à un monde plus durable et équitable. Les principes de l'ISR, tels que l'exclusion, la sélection positive, l'engagement actionnarial, l'intégration ESG et l'impact investing, offrent diverses voies pour intégrer la responsabilité sociale dans les décisions d'investissement.

### Le trading algorithmique et automatisé

Le trading algorithmique et automatisé est une méthode de trading qui utilise des programmes informatiques pour exécuter des transactions sur les marchés financiers selon des instructions prédéfinies. Cette approche permet de profiter de la vitesse et de la précision des ordinateurs pour prendre des décisions d'investissement, minimisant ainsi l'intervention humaine et les émotions dans le processus de trading.

### Définition du trading algorithmique

Le trading algorithmique, souvent appelé "algo trading", implique l'utilisation d'algorithmes complexes pour analyser des données de marché et exécuter des ordres de trading à grande vitesse. Les algorithmes peuvent être basés sur une variété de stratégies, allant de simples règles de négociation à des modèles mathématiques sophistiqués.

## Chapitre 7

**Principes de base :**

- **Algorithmes :** Des instructions codées qui déterminent quand acheter ou vendre des actifs, en fonction de critères spécifiques.
- **Automatisation :** L'exécution des transactions est entièrement automatisée, réduisant le besoin d'intervention humaine.
- **Analyse des données :** Les algorithmes utilisent des données historiques et en temps réel pour identifier les opportunités de trading.

**Avantages du trading algorithmique**

- **Vitesse :** Les algorithmes peuvent exécuter des transactions en millisecondes, bien plus rapidement qu'un trader humain.
- **Précision :** Les transactions sont exécutées exactement selon les critères prédéfinis, éliminant les erreurs humaines.
- **Gestion des émotions :** Le trading automatisé élimine les décisions émotionnelles, telles que la peur et la cupidité, qui peuvent nuire aux performances de trading.
- **Backtesting :** Les stratégies peuvent être testées sur des données historiques pour évaluer leur performance avant de les appliquer sur le marché réel.
- **Optimisation :** Les algorithmes peuvent être ajustés et optimisés en fonction des conditions changeantes du marché.

**Stratégies de trading algorithmique**

1. **Arbitrage :**
   - Profiter des inefficiences de prix entre différents marchés ou instruments financiers.
   - Exemple : Acheter une action sur une bourse où elle est sous-évaluée et la vendre sur une autre bourse où elle est surévaluée.
2. **Trading de tendance :**
   - Identifier et suivre les tendances de marché, que ce soit à court, moyen ou long terme.
   - Exemple : Utiliser des moyennes mobiles pour déterminer les points d'entrée et de sortie.

3. **Market making :**
   - Fournir de la liquidité en plaçant des ordres d'achat et de vente simultanément pour profiter de l'écart entre les prix bid et ask.
   - Exemple : Un algorithme de market making peut constamment ajuster les prix d'achat et de vente pour s'adapter aux conditions du marché.
4. **Trading haute fréquence (HFT) :**
   - Exécution d'un grand nombre de transactions à des vitesses extrêmement élevées pour capturer de petits écarts de prix.
   - Exemple : Utiliser des algorithmes ultra-rapides pour arbitrer les inefficiences de prix en quelques millisecondes.
5. **Trading basé sur des indicateurs :**
   - Utilisation d'indicateurs techniques tels que le RSI, MACD, ou les bandes de Bollinger pour générer des signaux de trading.
   - Exemple : Un algorithme peut acheter un actif lorsque le RSI indique qu'il est survendu et le vendre lorsqu'il est suracheté.

**Les défis du trading algorithmique**

- **Complexité :** La création et la gestion d'algorithmes de trading nécessitent des compétences avancées en programmation et en analyse quantitative.
- **Coût :** Les infrastructures de trading haute fréquence, y compris le matériel et les logiciels, peuvent être coûteuses à mettre en place et à maintenir.
- **Risque de défaillance technique :** Les algorithmes peuvent mal fonctionner ou réagir de manière inattendue aux conditions de marché extrêmes.
- **Régulation :** Le trading algorithmique est soumis à des réglementations strictes pour prévenir les abus de marché et assurer la stabilité des marchés financiers.

**Exemple de mise en œuvre du trading algorithmique**

Un trader algorithmique peut suivre les étapes suivantes pour développer et utiliser une stratégie de trading automatisée :

## Chapitre 7

1. **Développement de l'algorithme :**
   - Concevoir une stratégie de trading basée sur des critères spécifiques, tels que les moyennes mobiles ou les signaux de tendance.
   - Programmer l'algorithme en utilisant un langage de programmation adapté, comme Python ou C++.
2. **Backtesting :**
   - Tester l'algorithme sur des données historiques pour évaluer sa performance.
   - Ajuster les paramètres de l'algorithme pour optimiser les résultats.
3. **Simulation en temps réel :**
   - Exécuter l'algorithme sur des données de marché en temps réel dans un environnement simulé pour vérifier sa performance dans des conditions actuelles.
4. **Déploiement :**
   - Lancer l'algorithme sur le marché réel, en surveillant constamment ses performances et en ajustant les paramètres si nécessaire.
   - Utiliser des mécanismes de sécurité, tels que des stop-loss automatiques, pour limiter les pertes potentielles.

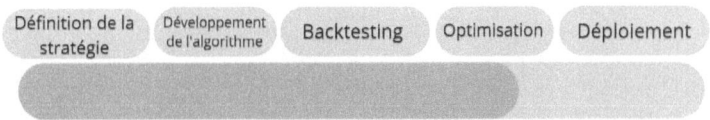

## Conclusion

Le trading algorithmique et automatisé représente une avancée majeure dans le domaine du trading, offrant rapidité, précision et discipline. En intégrant des stratégies variées, telles que l'arbitrage, le trading de tendance, et le market making, les traders peuvent optimiser leurs performances tout en minimisant les risques liés aux émotions humaines et aux erreurs. Cependant, la complexité technique et les coûts associés, ainsi que les risques de défaillance et

## Chapitre 7

les régulations, doivent être soigneusement considérés pour réussir dans ce domaine.

# Chapitre 8 : Psychologie du trading et de l'investissement

## Les biais psychologiques : effet de disposition, biais de confirmation, etc.

Les biais psychologiques sont des erreurs systématiques de pensée qui peuvent influencer les décisions des investisseurs de manière irrationnelle. Comprendre ces biais est crucial pour améliorer la prise de décision en matière de trading et d'investissement. Voici quelques-uns des biais les plus courants et leur impact sur les comportements financiers :

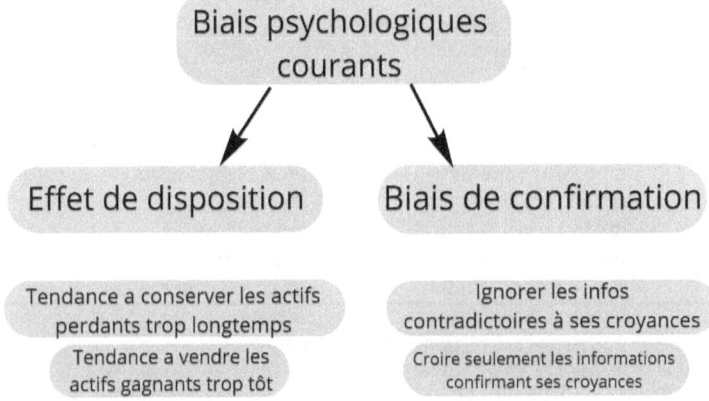

### 1. Effet de disposition

- **Définition :** L'effet de disposition est la tendance à vendre les actifs gagnants trop tôt pour verrouiller des gains et à conserver les actifs perdants trop longtemps dans l'espoir qu'ils remontent.
- **Impact :** Ce biais peut entraîner une performance globale médiocre car les investisseurs peuvent manquer des opportunités de gains supplémentaires et subir des pertes plus importantes en conservant des actifs qui continuent de diminuer.
- **Exemple :** Un investisseur vend une action qui a gagné 10 % rapidement pour sécuriser le gain, mais garde une autre action qui a perdu 20 % dans l'espoir qu'elle revienne à son prix d'achat initial.

## 2. Biais de confirmation

- **Définition** : Le biais de confirmation est la tendance à rechercher, interpréter et se souvenir des informations qui confirment ses croyances préexistantes tout en ignorant ou en minimisant les informations contradictoires.
- **Impact** : Ce biais peut conduire à des décisions biaisées et à un surconfiance en ses choix d'investissement, car les investisseurs ne prennent pas en compte toutes les informations pertinentes.
- **Exemple** : Un investisseur est convaincu qu'une entreprise particulière va bien performer et ne lit que les nouvelles positives à son sujet, ignorant les rapports négatifs qui pourraient signaler des problèmes.

## 3. Biais d'ancrage

- **Définition** : Le biais d'ancrage est la tendance à se fier de manière excessive à la première information rencontrée (l'"ancre") lors de la prise de décision, même si cette information est incorrecte ou non pertinente.
- **Impact** : Ce biais peut affecter les évaluations des prix et des valeurs, menant à des décisions d'achat ou de vente basées sur des références initiales plutôt que sur des données actuelles et objectives.
- **Exemple** : Un investisseur ancre la valeur d'une action à son prix d'achat initial et a du mal à ajuster cette valeur en fonction des nouvelles informations disponibles.

## 4. Biais de surconfiance

- **Définition** : Le biais de surconfiance est la tendance à surestimer ses propres capacités, connaissances ou prévisions en matière d'investissement.
- **Impact** : Ce biais peut conduire à des prises de risque excessives et à des décisions imprudentes, car les investisseurs peuvent croire qu'ils sont plus compétents ou informés qu'ils ne le sont réellement.
- **Exemple** : Un trader qui réussit quelques transactions consécutives peut devenir excessivement confiant et prendre des positions plus importantes ou plus risquées, ce qui peut entraîner des pertes significatives.

## 5. Biais de récence

- **Définition :** Le biais de récence est la tendance à accorder plus de poids aux événements récents qu'aux événements passés.
- **Impact :** Ce biais peut mener à des décisions basées sur des tendances à court terme plutôt que sur des analyses à long terme, ce qui peut être particulièrement dangereux dans des marchés volatils.
- **Exemple :** Après une série de gains récents sur le marché, un investisseur peut croire que la tendance haussière va se poursuivre indéfiniment et investir davantage, sans tenir compte des cycles de marché précédents.

## 6. Biais d'aversion aux pertes

- **Définition :** Le biais d'aversion aux pertes est la tendance à préférer éviter les pertes plutôt qu'à réaliser des gains équivalents.
- **Impact :** Ce biais peut amener les investisseurs à prendre des décisions conservatrices pour éviter les pertes potentielles, même si cela signifie renoncer à des opportunités de gains.
- **Exemple :** Un investisseur peut éviter de vendre une action à perte, préférant attendre qu'elle revienne à son prix d'achat, même si cela signifie perdre des opportunités d'investissement plus prometteuses.

### Stratégies pour gérer les biais psychologiques

1. **Conscience de soi :**
   - Reconnaître l'existence de ces biais et être conscient de leur impact potentiel sur les décisions d'investissement.
   - Tenir un journal de trading pour identifier et analyser ses propres comportements biaisés.
2. **Éducation continue :**
   - Se former régulièrement sur les principes de la finance comportementale et les meilleures pratiques en matière d'investissement.

- Suivre des cours, lire des livres et des articles, et participer à des forums de discussion
3. **Diversification :**
   - Diversifier les investissements pour réduire le risque de dépendre d'une seule décision ou d'un seul actif.
   - Utiliser des stratégies de répartition d'actifs pour équilibrer le portefeuille.
4. **Règles prédéfinies :**
   - Établir des règles claires pour l'achat, la vente et la gestion des risques avant de commencer à trader.
   - Utiliser des ordres stop-loss et des objectifs de profit pour éviter les décisions émotionnelles.
5. **Consultation externe :**
   - Travailler avec des conseillers financiers ou des mentors pour obtenir des avis objectifs et éviter les décisions impulsives.
   - Participer à des groupes de discussion ou des clubs d'investissement pour partager des perspectives et des idées.
6. **Pratique de la pleine conscience :**
   - Utiliser des techniques de pleine conscience pour gérer le stress et les émotions négatives.
   - Prendre des pauses régulières pour réfléchir et évaluer les décisions de manière rationnelle.

En comprenant et en gérant les biais psychologiques, les investisseurs peuvent améliorer leur prise de décision et augmenter leurs chances de succès sur les marchés financiers.

## L'importance de la discipline et de la patience

La discipline et la patience sont deux qualités essentielles pour réussir dans le monde du trading et de l'investissement. Elles permettent aux investisseurs de rester concentrés, de prendre des décisions rationnelles et de naviguer efficacement dans les fluctuations et les incertitudes des marchés financiers.

# Chapitre 8

**Discipline**

La discipline en trading et en investissement se réfère à la capacité de suivre un plan bien défini et de respecter des règles strictes. Voici quelques aspects clés de la discipline :

1. **Adhérence à un plan :**
   - **Plan de trading ou d'investissement :** Avoir un plan clair qui définit les objectifs, les stratégies, les critères d'entrée et de sortie, ainsi que les règles de gestion des risques.
   - **Suivi strict :** Respecter ce plan rigoureusement, même en période de forte volatilité ou sous la pression des émotions.
2. **Gestion des risques :**
   - **Utilisation de stop-loss :** Placer des ordres stop-loss pour limiter les pertes potentielles et protéger le capital.
   - **Allocation de capital :** Ne risquer qu'une petite fraction du capital total sur une seule transaction pour éviter des pertes catastrophiques.
3. **Contrôle des émotions :**
   - **Éviter les décisions impulsives :** Ne pas se laisser emporter par la peur ou la cupidité, qui peuvent mener à des décisions irrationnelles.
   - **Maintien de la cohérence :** Prendre des décisions basées sur des analyses et des stratégies plutôt que sur des réactions émotionnelles.
4. **Révision et adaptation :**
   - **Évaluation régulière :** Réviser régulièrement les performances pour identifier les points forts et les faiblesses.
   - **Adaptation :** Ajuster les stratégies et les plans en fonction des leçons tirées et des changements dans les conditions du marché.

## Patience

La patience est une vertu cruciale en matière de trading et d'investissement. Elle permet aux investisseurs de prendre des décisions réfléchies et de maximiser leurs rendements à long terme. Voici pourquoi la patience est importante :

1. **Attente des opportunités :**
   - **Recherche de configurations favorables :** Attendre les moments où les conditions de marché sont alignées avec les critères définis dans le plan de trading ou d'investissement.
   - **Évitement des actions précipitées :** Ne pas entrer ou sortir d'une position simplement pour être actif sur le marché.

2. **Investissement à long terme :**
   - **Perspectives à long terme :** Comprendre que les marchés financiers connaissent des cycles et que les investissements peuvent prendre du temps pour mûrir.
   - **Tenue des positions :** Ne pas se laisser décourager par les fluctuations à court terme et rester investi pour bénéficier des tendances à long terme.

3. **Accumulation des rendements :**
   - **Effet de capitalisation :** Les rendements réinvestis peuvent générer des gains supplémentaires au fil du temps, augmentant ainsi la valeur totale de l'investissement.
   - **Réduction des coûts de transaction :** Moins de transactions signifie moins de frais de courtage, ce qui peut améliorer les rendements nets.

4. **Réduction du stress :**
   - **Prise de décisions réfléchies :** La patience permet de prendre des décisions sans se précipiter, ce qui peut réduire le stress et augmenter la qualité des décisions.

## Chapitre 8

- **Gestion des attentes :** Comprendre que les gains significatifs ne viennent pas du jour au lendemain aide à maintenir une perspective réaliste.

### Intégration de la discipline et de la patience dans la pratique

Pour intégrer la discipline et la patience dans la pratique quotidienne du trading et de l'investissement, voici quelques conseils pratiques :

1. **Éducation et formation :**
   - **Formation continue :** S'informer régulièrement sur les marchés financiers, les nouvelles stratégies et les meilleures pratiques.
   - **Participation à des séminaires et des ateliers :** Apprendre des experts et échanger avec d'autres investisseurs pour améliorer ses compétences.
2. **Planification et suivi :**
   - **Définir des objectifs clairs :** Avoir des objectifs financiers précis et mesurables pour guider les décisions.
   - **Suivi des performances :** Tenir un journal de trading pour documenter chaque transaction, les raisons derrière les décisions et les résultats obtenus.
3. **Pratique de la pleine conscience :**
   - **Techniques de relaxation :** Utiliser des techniques de relaxation comme la méditation pour gérer le stress et maintenir la concentration.
   - **Prise de pauses régulières :** Prendre des pauses pour réfléchir et réévaluer les décisions permet de rester lucide et rationnel.
4. **Mentorat et soutien :**
   - **Rechercher un mentor :** Apprendre des traders ou investisseurs expérimentés peut offrir des perspectives précieuses et des conseils pratiques.
   - **Participer à des communautés d'investissement :** Échanger avec d'autres investisseurs pour partager

des expériences et des idées peut renforcer la discipline et la patience.

**Conclusion**

La discipline et la patience sont des piliers fondamentaux du succès en trading et en investissement. La discipline permet de suivre un plan défini et de gérer les risques de manière cohérente, tandis que la patience aide à attendre les bonnes opportunités et à maintenir une perspective à long terme. En cultivant ces qualités, les investisseurs peuvent améliorer leurs performances, réduire le stress et naviguer plus efficacement dans les marchés financiers.

**La gestion des émotions : peur, cupidité, stress**

La gestion des émotions est une compétence cruciale pour tout trader ou investisseur. Les émotions telles que la peur, la cupidité et le stress peuvent avoir un impact significatif sur les décisions financières, souvent de manière négative. Comprendre et gérer ces émotions peut aider à prendre des décisions plus rationnelles et à éviter des erreurs coûteuses.

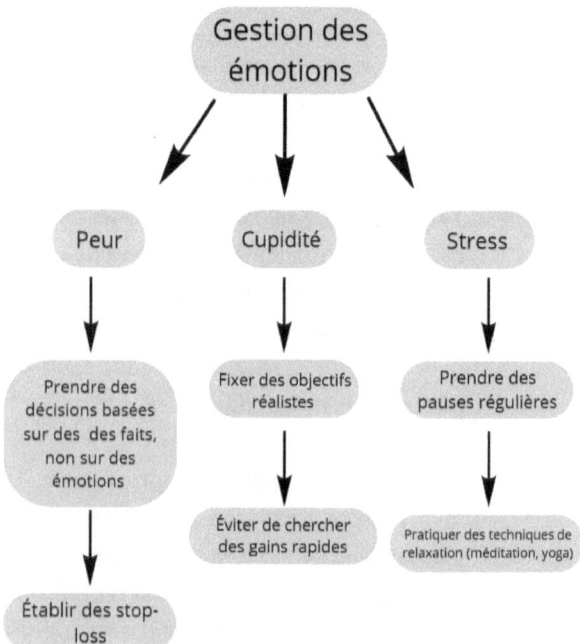

## Chapitre 8

**Peur**

La peur est l'une des émotions les plus puissantes et peut se manifester de différentes manières dans le trading et l'investissement. Voici comment elle peut affecter les décisions et comment la gérer :

1. **Impact de la peur :**
   - **Ventes précipitées :** La peur de perdre de l'argent peut pousser les investisseurs à vendre leurs actifs trop tôt, même en cas de petites fluctuations.
   - **Paralysie décisionnelle :** La peur peut entraîner l'indécision, empêchant de prendre des actions nécessaires, comme ajuster une position perdante ou entrer dans une nouvelle opportunité.
2. **Gestion de la peur :**
   - **Connaissance et préparation :** Une bonne compréhension des marchés et des stratégies peut réduire l'incertitude et donc la peur.
   - **Plans d'urgence :** Avoir des plans clairs pour différentes situations de marché peut donner confiance et réduire la peur.
   - **Pratique de la pleine conscience :** Techniques de relaxation comme la méditation peuvent aider à gérer la peur en réduisant le stress global.

**Cupidité**

La cupidité, ou l'avidité, pousse les traders et investisseurs à prendre des risques excessifs dans l'espoir de gains rapides et élevés. Voici comment elle peut affecter les décisions et comment la gérer :

1. **Impact de la cupidité :**
   - **Prise de risques excessifs :** La cupidité peut conduire à investir de grandes sommes dans des actifs volatils sans une évaluation appropriée des risques.

## Chapitre 8

- **Ignorance des signaux d'avertissement :** Les signaux de vente peuvent être ignorés dans l'espoir que les prix continuent à monter, ce qui peut entraîner des pertes importantes.

2. **Gestion de la cupidité :**
   - **Discipline stricte :** Suivre un plan de trading ou d'investissement rigide, avec des règles claires pour l'entrée et la sortie, peut aider à contrôler la cupidité.
   - **Objectifs réalistes :** Fixer des objectifs de gains réalistes et être satisfait de les atteindre plutôt que de chercher à maximiser les profits à chaque transaction.
   - **Auto-évaluation :** Réfléchir régulièrement sur ses propres décisions et motivations peut aider à identifier et à contrôler les comportements dictés par la cupidité.

### Stress

Le stress est une réponse naturelle aux situations de pression et d'incertitude, fréquentes dans le trading et l'investissement. Il peut affecter la clarté mentale et la capacité à prendre des décisions. Voici comment le stress peut influencer les décisions et comment le gérer :

1. **Impact du stress :**
   - **Décisions impulsives :** Sous stress, les traders peuvent prendre des décisions hâtives sans évaluer correctement les informations disponibles.
   - **Épuisement mental :** Un stress prolongé peut mener à la fatigue mentale, réduisant la capacité de concentration et la qualité des décisions.
2. **Gestion du stress :**
   - **Pratique régulière d'exercice :** L'exercice physique régulier aide à réduire le stress et à maintenir une bonne santé mentale.

## Chapitre 8

- **Techniques de relaxation :** La méditation, la respiration profonde et d'autres techniques de relaxation peuvent aider à gérer le stress au quotidien.
- **Gestion du temps :** Planifier les sessions de trading et prendre des pauses régulières pour éviter l'épuisement et le stress excessif.
- **Soutien social :** Parler avec des collègues, des amis ou des mentors peut fournir un soutien émotionnel et des perspectives différentes, réduisant ainsi le stress.

**Intégration de la gestion des émotions dans la pratique**

Pour intégrer efficacement la gestion des émotions dans la pratique quotidienne du trading et de l'investissement, voici quelques stratégies :

1. **Éducation continue :**
   - **Apprendre sur la psychologie des marchés :** Comprendre comment les émotions affectent les décisions de marché peut aider à reconnaître et à gérer ses propres réactions émotionnelles.
   - **Formation en finance comportementale :** Des cours et des lectures sur la finance comportementale peuvent fournir des outils et des techniques pour gérer les biais émotionnels.
2. **Utilisation de journaux de trading :**
   - **Documenter les émotions :** En plus des détails techniques, noter les émotions ressenties lors de chaque transaction peut aider à identifier des patterns émotionnels et à les gérer.
   - **Analyse régulière :** Réviser les entrées du journal pour comprendre comment les émotions ont influencé les décisions et ajuster les stratégies en conséquence.

3. **Développement de routines et de rituels :**
   - **Établir des routines quotidiennes :** Des routines régulières peuvent fournir une structure et une stabilité, réduisant le stress et aidant à gérer les émotions.
   - **Rituels avant le trading :** Prendre quelques minutes pour se concentrer et se préparer mentalement avant de commencer à trader peut améliorer la concentration et la gestion des émotions.
4. **Accès à des ressources professionnelles :**
   - **Coaching ou thérapie :** Travailler avec un coach ou un thérapeute spécialisé dans la psychologie du trading peut fournir des stratégies personnalisées pour gérer les émotions.
   - **Groupes de soutien :** Participer à des groupes de soutien ou des communautés d'investisseurs pour partager des expériences et des techniques de gestion des émotions.

**Conclusion**

La gestion des émotions est un aspect crucial du succès en trading et en investissement. La peur, la cupidité et le stress peuvent influencer les décisions de manière significative, souvent négativement. En développant des stratégies pour comprendre et gérer ces émotions, les investisseurs peuvent prendre des décisions plus rationnelles et améliorer leurs performances sur les marchés financiers. Cultiver la discipline, la patience et la conscience de soi permet de mieux naviguer dans les environnements de marché volatils et de maximiser les chances de succès à long terme.

## Comment développer une mentalité de trader/investisseur gagnant

Développer une mentalité de trader ou d'investisseur gagnant nécessite plus que des compétences techniques et des connaissances en finance. Cela implique également de cultiver des attitudes et des habitudes mentales qui favorisent la réussite à long terme. Voici des stratégies et des pratiques clés pour développer cette mentalité gagnante.

## 1. Éducation continue

La connaissance est la base de la confiance et de la réussite dans le trading et l'investissement. La formation continue est essentielle pour rester informé des dernières tendances, stratégies et évolutions du marché.

- **Lire régulièrement :** Livres, articles, et blogs sur le trading, l'investissement et la psychologie financière.
- **Suivre des cours :** Participer à des séminaires, des webinaires, et des cours en ligne pour approfondir ses connaissances.
- **Écouter des experts :** Suivre des podcasts et des vidéos de traders et d'investisseurs expérimentés pour apprendre de leurs expériences.

## 2. Établir des objectifs clairs

Des objectifs clairs et précis aident à orienter les décisions et à mesurer les progrès.

- **Objectifs SMART :** Définir des objectifs spécifiques, mesurables, atteignables, pertinents et temporellement définis.
- **Court et long terme :** Avoir des objectifs à court terme (ex. : apprendre une nouvelle stratégie) et à long terme (ex. : atteindre une certaine rentabilité annuelle).

## 3. Développer un plan de trading ou d'investissement

Un plan bien défini aide à prendre des décisions rationnelles et à rester discipliné.

- **Stratégies :** Décrire les stratégies à utiliser pour entrer et sortir des positions.
- **Critères :** Définir les critères d'entrée et de sortie, ainsi que les règles de gestion des risques.
- **Revue et ajustement :** Réviser régulièrement le plan et l'ajuster en fonction des leçons apprises et des évolutions du marché.

### 4. Discipline et patience

La discipline et la patience sont cruciales pour éviter les décisions impulsives et les erreurs coûteuses.

- **Suivre le plan :** Respecter le plan de trading ou d'investissement sans se laisser influencer par les émotions.
- **Attendre les opportunités :** Ne pas se précipiter dans des transactions. Attendre que les conditions définies dans le plan soient réunies.

### 5. Gestion des risques

Protéger le capital est primordial pour survivre et prospérer sur les marchés.

- **Utilisation de stop-loss :** Placer des ordres stop-loss pour limiter les pertes potentielles.
- **Diversification :** Ne pas mettre tous les œufs dans le même panier. Diversifier les investissements pour répartir les risques.
- **Allocation de capital :** Ne risquer qu'une petite fraction du capital total sur une seule transaction.

### 6. Contrôle émotionnel

Les émotions peuvent nuire aux décisions rationnelles. Savoir les gérer est donc essentiel.

- **Pratique de la pleine conscience :** Techniques de relaxation comme la méditation peuvent aider à rester calme et concentré.
- **Reconnaître les émotions :** Être conscient de ses propres émotions et comprendre comment elles peuvent influencer les décisions.
- **Journal de trading :** Tenir un journal pour documenter les transactions et les émotions ressenties peut aider à identifier et à gérer les biais émotionnels.

### 7. Adaptabilité

Les marchés évoluent constamment. Savoir s'adapter est une qualité précieuse.

- **Flexibilité des stratégies :** Être prêt à ajuster ou à changer de stratégie en fonction des conditions de marché.

- **Apprentissage des erreurs :** Considérer les erreurs comme des opportunités d'apprentissage et ajuster les plans en conséquence.

## 8. Mentalité de croissance

Adopter une mentalité de croissance implique de voir les défis comme des opportunités de développement personnel et professionnel.

- **Positive attitude :** Garder une attitude positive même face aux échecs et aux pertes.
- **Recherche de l'amélioration :** Toujours chercher à s'améliorer et à apprendre de nouvelles choses.

## 9. Soutien et mentorat

Avoir un réseau de soutien peut faire une grande différence.

- **Trouver un mentor :** Apprendre d'un trader ou d'un investisseur expérimenté peut fournir des perspectives précieuses.
- **Participer à des communautés :** Rejoindre des groupes de traders ou d'investisseurs pour partager des expériences et des idées.

## 10. Santé et bien-être

La santé physique et mentale est essentielle pour maintenir une performance optimale.

- **Exercice régulier :** L'activité physique aide à réduire le stress et à améliorer la concentration.
- **Sommeil suffisant :** Un bon sommeil est crucial pour la prise de décisions claires et rationnelles.
- **Alimentation saine :** Une alimentation équilibrée contribue à une meilleure santé globale et à une meilleure performance cognitive.

## Conclusion

Développer une mentalité de trader ou d'investisseur gagnant demande du temps, de l'effort et une réflexion continue. En se concentrant sur l'éducation, la discipline, la gestion des risques, et le contrôle émotionnel, tout en restant adaptable et en maintenant une attitude positive, les traders et investisseurs peuvent maximiser leurs chances de succès à long terme. Cultiver ces habitudes et ces attitudes peut transformer non seulement les performances financières, mais aussi la qualité de vie globale.

# Chapitre 9 : Outils et ressources pour les investisseurs

## Plateformes de trading et courtiers

Les plateformes de trading et les courtiers jouent un rôle central dans le monde de l'investissement, offrant aux traders et aux investisseurs l'accès aux marchés financiers, les outils nécessaires pour effectuer des transactions, et diverses ressources pour l'analyse et la prise de décisions. Voici un aperçu détaillé de ce que les plateformes de trading et les courtiers offrent, et comment choisir ceux qui conviennent le mieux à vos besoins.

### Définition et rôles

**Plateformes de trading :** Ce sont des logiciels ou des applications web qui permettent aux utilisateurs de placer des ordres d'achat et de vente sur différents marchés financiers (actions, Forex, options, etc.). Elles fournissent souvent des outils d'analyse technique, des graphiques en temps réel, des nouvelles financières, et bien d'autres ressources.

**Courtiers :** Les courtiers sont des intermédiaires financiers qui exécutent les ordres de trading pour le compte de leurs clients. Ils peuvent être des courtiers en ligne ou des courtiers traditionnels avec des services complets. Les courtiers en ligne offrent généralement des frais de transaction plus bas et une autonomie totale pour les investisseurs.

### Types de plateformes de trading

1. **Plateformes basées sur le web :**
   - **Avantages :** Accessibles depuis n'importe quel appareil avec une connexion internet, pas besoin d'installer un logiciel, mises à jour automatiques.
   - **Inconvénients :** Peut être moins rapide que les plateformes installées sur un ordinateur, dépend de la qualité de la connexion internet.
2. **Plateformes téléchargeables :**
   - **Avantages :** Souvent plus rapides, offrent des fonctionnalités avancées, personnalisables.

- **Inconvénients :** Nécessitent une installation et des mises à jour manuelles, spécifiques à un appareil.
3. **Applications mobiles :**
   - **Avantages :** Permettent de trader en déplacement, notifications instantanées.
   - **Inconvénients :** Interface plus limitée, dépendance à la connexion mobile.

## Critères de choix d'une plateforme de trading

1. **Facilité d'utilisation :**
   - **Interface utilisateur :** Une interface intuitive et facile à naviguer est cruciale, surtout pour les débutants.
   - **Outils de formation :** Des tutoriels, des démonstrations et des guides intégrés peuvent aider à se familiariser avec la plateforme.
2. **Fonctionnalités disponibles :**
   - **Outils d'analyse :** Indicateurs techniques, graphiques interactifs, alertes de prix.
   - **Types d'ordres :** Disponibilité d'ordres limités, ordres au marché, ordres stop, etc.
   - **Données en temps réel :** Accès à des données de marché précises et à jour.
3. **Coûts et frais :**
   - **Commissions :** Frais de transaction pour chaque ordre exécuté.
   - **Frais de plateforme :** Certains courtiers facturent des frais pour l'utilisation de leurs plateformes.
   - **Frais cachés :** Vérifiez les frais pour les retraits, les dépôts, la maintenance du compte, etc.
4. **Sécurité et fiabilité :**
   - **Licences et régulation :** Assurez-vous que le courtier est réglementé par une autorité financière reconnue.

- **Sécurité des données :** Protocoles de cryptage et de sécurité pour protéger vos informations personnelles et financières.
- **Fiabilité :** Stabilité de la plateforme, temps de disponibilité.

**Types de courtiers**

1. **Courtiers de service complet :**
   - **Avantages :** Conseils personnalisés, gestion de portefeuille, recherche approfondie, services de planification financière.
   - **Inconvénients :** Frais et commissions plus élevés.
2. **Courtiers en ligne ou discount :**
   - **Avantages :** Frais de transaction réduits, accès direct aux marchés, autonomie totale.
   - **Inconvénients :** Moins de conseils personnalisés, support limité.
3. **Courtiers Forex :**
   - **Spécialisés :** Offrent une large gamme de paires de devises et des outils spécifiques au trading Forex.
4. **Courtiers pour les options et les dérivés :**
   - **Spécialisés :** Fournissent des outils avancés pour le trading d'options, de contrats à terme, et d'autres produits dérivés.

**Comment choisir un courtier**

1. **Réputation et régulation :**
   - **Vérifier les avis et les évaluations :** Consultez les avis d'autres utilisateurs et les évaluations des experts.
   - **Régulation :** Assurez-vous que le courtier est réglementé par une autorité financière de confiance (SEC, FCA, AMF, etc.).

2. **Structure tarifaire :**
    - **Comparer les frais :** Examinez les commissions de trading, les frais de gestion de compte, et les autres coûts potentiels.
    - **Transparence :** Le courtier doit clairement détailler tous les frais associés à ses services.
3. **Support client :**
    - **Disponibilité :** Support disponible 24/7, par téléphone, email, ou chat en direct.
    - **Qualité du support :** Capacité à résoudre rapidement et efficacement les problèmes.
4. **Offres spéciales et promotions :**
    - **Bonus de bienvenue :** Certains courtiers offrent des bonus pour l'ouverture d'un compte.
    - **Programmes de fidélité :** Réductions sur les frais pour les traders fréquents.

| Plateforme | Types d'actifs | Frais de transaction | Outils d'analyse | Facilité d'utilisation | Sécurité |
|---|---|---|---|---|---|
| MetaTrader | Actions, Forex | Faibles | Graphiques avancés | Interface complexe | Élevée |
| E*TRADE | Actions, Options | Moyens | Indicateurs techniques | Interface utilisateur | Élevée |
| Robinhood | Actions, Crypto | Nuls | Outils basiques | Interface simple | Moyenne |
| Interactive Brokers | Actions, Obligations | Faibles | Outils de recherche | Interface complexe | Élevée |

# Chapitre 8

## Conclusion

Choisir la bonne plateforme de trading et le bon courtier est une décision critique qui peut avoir un impact significatif sur votre succès en tant que trader ou investisseur. En tenant compte de facteurs tels que la facilité d'utilisation, les fonctionnalités disponibles, les coûts, la sécurité et la fiabilité, vous pouvez trouver une solution qui correspond à vos besoins et à vos objectifs. Une fois la plateforme et le courtier choisis, prenez le temps de vous familiariser avec leurs outils et ressources pour maximiser vos chances de réussite sur les marchés financiers.

## Logiciels et applications de suivi des marchés

Dans le monde dynamique des investissements et du trading, disposer d'outils efficaces pour suivre les marchés est essentiel. Les logiciels et applications de suivi des marchés fournissent des données en temps réel, des analyses techniques, des alertes et d'autres fonctionnalités qui aident les investisseurs à prendre des décisions éclairées. Voici un aperçu des types de logiciels et applications disponibles, ainsi que des critères pour choisir ceux qui conviennent le mieux à vos besoins.

### Types de logiciels et applications de suivi des marchés

1. **Applications de suivi des actions :**
   - **Exemples :** Yahoo Finance, Google Finance, Investing.com
   - **Fonctionnalités :** Cours des actions en temps réel, graphiques interactifs, alertes de prix, actualités financières.
2. **Logiciels de trading :**
   - **Exemples :** MetaTrader 4 (MT4), MetaTrader 5 (MT5), Thinkorswim
   - **Fonctionnalités :** Analyse technique avancée, exécution des ordres, backtesting, support pour le trading automatisé.
3. **Applications de suivi des devises (Forex) :**
   - **Exemples :** Forex.com, OANDA, FXCM
   - **Fonctionnalités :** Cours des devises en temps réel, graphiques, outils d'analyse technique, actualités du Forex.

4. **Applications de suivi des crypto monnaies :**
    - **Exemples :** CoinMarketCap, CoinGecko, Binance
    - **Fonctionnalités :** Cours des crypto-monnaies en temps réel, informations sur les volumes de trading, alertes de prix, actualités crypto.
5. **Applications de suivi des matières premières :**
    - **Exemples :** Oilprice.com, Kitco, TradingView
    - **Fonctionnalités :** Prix en temps réel des matières premières comme l'or, l'argent, le pétrole, graphiques interactifs, analyses de marché.

## Critères de choix d'un logiciel ou d'une application de suivi des marchés

1. **Interface utilisateur :**
    - **Facilité d'utilisation :** L'interface doit être intuitive et facile à naviguer, permettant un accès rapide aux informations nécessaires.
    - **Personnalisation :** La possibilité de personnaliser l'interface en fonction des préférences individuelles est un atout majeur.
2. **Données en temps réel :**
    - **Précision :** Les données doivent être précises et à jour pour permettre des décisions de trading opportunes.
    - **Fréquence de mise à jour :** La fréquence à laquelle les données sont mises à jour peut varier, mais plus elle est élevée, mieux c'est.
3. **Outils d'analyse :**
    - **Indicateurs techniques :** La disponibilité d'indicateurs techniques tels que les moyennes mobiles, RSI, MACD, etc.
    - **Graphiques :** Graphiques interactifs avec la possibilité de tracer des tendances, des lignes de support et de résistance.

## Chapitre 8

4. **Alertes et notifications :**
   - **Alertes de prix :** Notifications lorsque les actifs atteignent des prix spécifiques.
   - **Actualités :** Alertes concernant les nouvelles importantes et les événements économiques qui peuvent affecter les marchés.
5. **Compatibilité :**
   - **Multi-plateforme :** Disponibilité sur différentes plateformes (web, mobile, desktop) pour permettre le suivi des marchés à tout moment et en tout lieu.
   - **Synchronisation :** Capacité de synchroniser les données et les préférences sur différents appareils.
6. **Support technique et assistance :**
   - **Disponibilité du support :** Support client disponible pour aider en cas de problèmes techniques ou de questions.
   - **Ressources éducatives :** Guides, tutoriels, et documentation pour aider les utilisateurs à tirer le meilleur parti de l'application.
7. **Sécurité :**
   - **Protection des données :** Les applications doivent offrir une sécurité robuste pour protéger les informations personnelles et financières.
   - **Fiabilité :** Une application fiable avec des temps d'arrêt minimaux est essentielle pour le suivi en temps réel.

**Exemples de logiciels et applications populaires**

1. **MetaTrader 4 (MT4) et MetaTrader 5 (MT5) :**
   - **Description :** Plateformes de trading populaires offrant des outils d'analyse technique avancés, le trading automatisé, et des graphiques personnalisables.
   - **Utilisateurs :** Traders de Forex et de CFD.

## Chapitre 8

2. **TradingView :**
   - **Description :** Outil de suivi de marché avec des graphiques interactifs, une large communauté d'utilisateurs partageant des idées de trading, et une vaste gamme d'indicateurs techniques.
   - **Utilisateurs :** Traders de tous niveaux et investisseurs.
3. **Yahoo Finance :**
   - **Description :** Application de suivi des actions offrant des cours en temps réel, des nouvelles financières, des analyses, et des outils de création de portefeuille.
   - **Utilisateurs :** Investisseurs individuels et traders.
4. **CoinMarketCap :**
   - **Description :** Plateforme de suivi des cryptomonnaies fournissant des informations sur les prix, les volumes de trading, et les classements des crypto-monnaies.
   - **Utilisateurs :** Traders et investisseurs en cryptomonnaies.

| Logiciel | Couverture des marchés | Alertes en temps réel | Outils d'analyse | Compatibilité | Prix |
|---|---|---|---|---|---|
| Bloomberg Terminal | Actions, Forex, Commodities | Oui | Graphiques avancés | Desktop | Élevée |
| Yahoo Finance | Actions, Forex | Oui | Outils basiques | Web, Mobile | Gratuit |
| TradingView | Actions, Crypto, Forex | Oui | Indicateurs techniques | Web, Mobile | Gratuit |
| MetaTrader | Forex, Crypto | Oui | Graphiques avancés | Desktop, Mobile | Gratuit |

# Chapitre 8

**Conclusion**

Les logiciels et applications de suivi des marchés sont des outils indispensables pour tout trader ou investisseur souhaitant rester informé et réactif sur les marchés financiers. En choisissant des outils adaptés à vos besoins, avec des fonctionnalités et des niveaux de support appropriés, vous pouvez améliorer vos compétences en trading et en investissement, et prendre des décisions plus éclairées. L'intégration de ces outils dans votre routine de trading vous aidera à suivre les tendances du marché, à analyser les opportunités et à gérer vos investissements de manière plus efficace.

**Sites web et publications financières**

Dans le monde complexe de l'investissement et du trading, disposer d'informations fiables et à jour est crucial. Les sites web et publications financières fournissent des analyses, des nouvelles, des données de marché, et des conseils d'experts qui peuvent aider les investisseurs à prendre des décisions éclairées. Voici une vue d'ensemble des principales ressources disponibles et comment elles peuvent être utilisées pour améliorer vos connaissances et stratégies d'investissement.

**Sites web financiers populaires**

1. **Bloomberg (www.bloomberg.com) :**
    - **Description :** Bloomberg est une source leader d'informations financières, économiques et de marché. Il offre des actualités en temps réel, des analyses, et des données financières complètes.
    - **Utilisateurs :** Professionnels de la finance, traders, investisseurs institutionnels.
    - **Caractéristiques :**
        - Nouvelles de marché en temps réel.
        - Analyses approfondies et opinions d'experts.
        - Données sur les actions, obligations, devises, matières premières.

2. **Yahoo Finance (finance.yahoo.com) :**
   - **Description :** Yahoo Finance offre des données financières et des nouvelles pour un large éventail d'investisseurs. Il fournit des outils de suivi de portefeuille, des graphiques, et des analyses de marché.
   - **Utilisateurs :** Investisseurs individuels et traders.
   - **Caractéristiques :**
     - Cours des actions en temps réel.
     - Nouvelles financières et économiques.
     - Outils de gestion de portefeuille.

3. **Investing.com (www.investing.com) :**
   - **Description :** Investing.com est une plateforme globale offrant des informations et des outils financiers couvrant une large gamme de marchés.
   - **Utilisateurs :** Traders et investisseurs de tous niveaux.
   - **Caractéristiques :**
     - Cours des actions, Forex, crypto-monnaies, matières premières.
     - Analyses techniques et fondamentales.
     - Calendrier économique et alertes de marché.

4. **Morningstar (www.morningstar.com) :**
   - **Description :** Morningstar est une entreprise de recherche en investissement offrant des analyses indépendantes et des évaluations de fonds, actions et autres produits financiers.
   - **Utilisateurs :** Investisseurs individuels, conseillers financiers.
   - **Caractéristiques :**
     - Évaluations et notations de fonds communs de placement et d'ETFs.
     - Rapports d'analyse détaillés.
     - Outils de planification financière.

5. **MarketWatch (www.marketwatch.com) :**

## Chapitre 8

- **Description :** MarketWatch offre des nouvelles financières, des analyses de marché, et des commentaires sur les tendances économiques.
- **Utilisateurs :** Investisseurs individuels, traders, professionnels de la finance.
- **Caractéristiques :**
  - Nouvelles en temps réel sur les marchés financiers.
  - Analyses et commentaires d'experts.
  - Données sur les actions, obligations, et autres actifs financiers.

### Publications financières renommées

1. **The Wall Street Journal (WSJ) :**
   - **Description :** Une des publications financières les plus respectées, offrant des nouvelles, des analyses et des opinions sur les marchés financiers et l'économie mondiale.
   - **Utilisateurs :** Professionnels de la finance, investisseurs, décideurs.
   - **Caractéristiques :**
     - Articles détaillés sur les tendances économiques et les mouvements de marché.
     - Analyses d'entreprises et secteurs industriels.
     - Informations sur les politiques économiques et financières.

2. **Financial Times (FT) :**
   - **Description :** Une publication financière mondiale fournissant des nouvelles, des analyses et des commentaires sur les marchés financiers, l'économie, et les affaires internationales.

- **Utilisateurs :** Investisseurs institutionnels, professionnels de la finance, décideurs politiques.
- **Caractéristiques :**
  - Articles approfondis sur les tendances économiques mondiales.
  - Analyses et opinions d'experts.
  - Informations sur les marchés financiers et les entreprises.

3. **Barron's :**
   - **Description :** Un magazine financier américain offrant des analyses de marché, des prévisions et des conseils d'investissement.
   - **Utilisateurs :** Investisseurs individuels et professionnels, gestionnaires de portefeuille.
   - **Caractéristiques :**
     - Analyses détaillées des tendances de marché et des opportunités d'investissement.
     - Conseils et stratégies d'investissement.
     - Prévisions économiques et de marché.

4. **The Economist :**
   - **Description :** Une publication économique et financière offrant des analyses et des opinions sur l'économie mondiale, la politique, et les marchés financiers.
   - **Utilisateurs :** Décideurs, professionnels de la finance, universitaires.
   - **Caractéristiques :**
     - Analyses économiques mondiales.
     - Articles sur les tendances politiques et économiques.
     - Opinions et éditoriaux sur les questions économiques et financières.

**Critères de choix des sites web et publications financières**

1. **Fiabilité et crédibilité :**

## Chapitre 8

- **Sources vérifiées :** Choisissez des sources reconnues pour leur crédibilité et la précision de leurs informations.
- **Réputation :** La réputation de la publication ou du site web est un indicateur important de la qualité des informations fournies.

2. **Actualité des informations :**
   - **Mises à jour fréquentes :** Assurez-vous que les informations sont mises à jour régulièrement pour refléter les dernières tendances et événements du marché.
   - **Temps réel :** Pour les traders actifs, des données en temps réel sont essentielles.

3. **Profondeur de l'analyse :**
   - **Articles détaillés :** Cherchez des sources offrant des analyses approfondies et des rapports détaillés.
   - **Opinions d'experts :** Les opinions et commentaires d'experts peuvent fournir des perspectives précieuses.

4. **Accessibilité et convivialité :**
   - **Interface utilisateur :** Une interface claire et facile à naviguer améliore l'expérience utilisateur.
   - **Outils et ressources :** La disponibilité d'outils de gestion de portefeuille, de graphiques interactifs et d'autres ressources utiles.

**Conclusion**

Les sites web et publications financières sont des ressources essentielles pour les investisseurs et les traders cherchant à rester informés et à prendre des décisions éclairées. En choisissant des sources fiables et en utilisant les informations et analyses fournies, vous pouvez mieux comprendre les marchés financiers, anticiper les tendances et optimiser vos stratégies d'investissement. Que vous soyez un investisseur individuel ou un professionnel de la finance, intégrer ces ressources dans votre routine d'information peut grandement améliorer vos résultats et votre compréhension des marchés.

# Chapitre 8

## Communautés et forums d'investisseurs

Les communautés et forums d'investisseurs jouent un rôle crucial dans l'échange d'informations, de conseils, et d'expériences entre investisseurs. Ces plateformes permettent aux membres de partager leurs idées, d'apprendre des autres et de rester informés des dernières tendances du marché. Voici un aperçu des principales communautés et forums d'investisseurs, ainsi que des conseils sur la façon de les utiliser efficacement.

### Principales communautés et forums d'investisseurs

1. **Reddit (www.reddit.com) :**
   - **Subreddits populaires :**
     - **r/investing :** Un des forums les plus actifs pour les discussions sur les actions, les stratégies d'investissement, et les tendances de marché.
     - **r/stocks :** Focus sur les actions individuelles, analyses de marché, et discussions sur les entreprises.
     - **r/WallStreetBets :** Connu pour ses discussions audacieuses et ses investissements à haut risque, mais avec une communauté active partageant des idées et des stratégies.
   - **Utilisateurs :** Investisseurs individuels, traders, novices, et experts.
   - **Caractéristiques :** Discussions interactives, analyses communautaires, partages d'expériences personnelles.

2. **Investopedia (www.investopedia.com) :**
   - **Description :** Bien que principalement une plateforme éducative, Investopedia possède une communauté active dans ses sections de commentaires et forums.

## Chapitre 8

- Utilisateurs : Investisseurs de tous niveaux cherchant à approfondir leurs connaissances financières.
- Caractéristiques : Articles éducatifs, quiz interactifs, forums de discussion.

3. **StockTwits (www.stocktwits.com)** :
   - Description : Une plateforme sociale dédiée aux investisseurs et traders pour partager des idées et des actualités de marché en temps réel.
   - Utilisateurs : Traders actifs, investisseurs, professionnels de la finance.
   - Caractéristiques : Flux en temps réel, hashtags pour suivre des actions spécifiques, analyses de sentiment de marché.

4. **Seeking Alpha (www.seekingalpha.com)** :
   - Description : Une plateforme offrant des analyses d'actions, des nouvelles de marché, et des articles écrits par des contributeurs experts.
   - Utilisateurs : Investisseurs individuels, analystes financiers, gestionnaires de portefeuille.
   - Caractéristiques : Analyses détaillées, sections de commentaires actifs, suivi de portefeuille personnalisé.

5. **Quora (www.quora.com)** :
   - Description : Une plateforme de questions-réponses où les investisseurs peuvent poser des questions spécifiques et obtenir des réponses d'experts et de la communauté.
   - Utilisateurs : Novices, investisseurs expérimentés, experts en finance.
   - Caractéristiques : Réponses détaillées, discussions sur des sujets variés, accès à des experts en investissement.

6. **Bogleheads (www.bogleheads.org)** :

- **Description :** Un forum dédié aux stratégies d'investissement passif inspirées par John Bogle, fondateur de Vanguard Group.
- **Utilisateurs :** Partisans de l'investissement passif, investisseurs à long terme.
- **Caractéristiques :** Discussions sur les stratégies d'investissement, conseils sur les fonds indiciels, gestion de portefeuille à long terme.

**Conseils pour utiliser les communautés et forums d'investisseurs**

1. **Faire preuve de discernement :**
   - **Vérifier les informations :** Les conseils et analyses partagés sur les forums ne sont pas toujours vérifiés. Il est crucial de croiser les informations avec des sources fiables.
   - **Identifier les biais :** Certains utilisateurs peuvent avoir des motivations cachées, comme promouvoir une action particulière. Soyez conscient des biais potentiels.
2. **Participer activement :**
   - **Poser des questions :** Ne soyez pas timide pour poser des questions, même si elles semblent basiques. La plupart des communautés sont accueillantes envers les débutants.
   - **Partager des idées :** Contribuer aux discussions avec vos propres analyses et expériences peut enrichir la communauté et vous aider à affiner vos compétences.
3. **Éviter les comportements impulsifs :**
   - **Ne pas suivre aveuglément :** Évitez de prendre des décisions d'investissement basées uniquement sur les conseils d'inconnus sur un forum. Faites toujours vos propres recherches.
   - **Garder la tête froide :** Les forums peuvent parfois encourager des comportements impulsifs, surtout dans des communautés comme r/WallStreetBets.

## Chapitre 8

    Restez discipliné et suivez votre stratégie d'investissement.
4. **Utiliser des ressources complémentaires :**
    - **Éducation continue :** Utilisez les forums comme une ressource parmi d'autres. Complétez vos connaissances avec des livres, des cours en ligne, et des publications financières.
    - **Outils de suivi :** Utilisez des outils et des applications pour suivre les recommandations et les analyses discutées dans les forums.
5. **Construire un réseau :**
    - **Engager avec les membres :** Établissez des relations avec d'autres investisseurs. Un réseau solide peut offrir des perspectives variées et un soutien précieux.
    - **Participer à des événements :** Certains forums organisent des webinaires, des rencontres et d'autres événements où vous pouvez apprendre et rencontrer des investisseurs partageant les mêmes idées.

## Conclusion

Les communautés et forums d'investisseurs sont des ressources inestimables pour quiconque souhaite naviguer dans les marchés financiers. En utilisant ces plateformes pour échanger des idées, poser des questions et partager des expériences, vous pouvez élargir vos connaissances et améliorer vos compétences en investissement. Cependant, il est essentiel de faire preuve de discernement, de vérifier les informations, et de maintenir une approche disciplinée dans vos décisions d'investissement. Intégrer ces ressources dans votre routine d'information et d'analyse vous aidera à rester informé et à prendre des décisions plus éclairées.

## Formation continue et certifications

Pour réussir sur les marchés financiers, il est crucial de continuer à apprendre et à se perfectionner. La formation continue et l'obtention de certifications reconnues peuvent grandement améliorer vos compétences et votre crédibilité en tant qu'investisseur ou trader.

Chapitre 8

Voici un aperçu des principales options de formation continue et des certifications disponibles.

**Options de formation continue**

1. **Webinaires et séminaires :**
   - **Description :** De nombreuses institutions financières et plateformes d'investissement organisent régulièrement des webinaires et des séminaires sur divers sujets liés à la finance et à l'investissement.
   - **Avantages :** Apprentissage en temps réel, possibilité d'interaction avec des experts et des praticiens.
2. **Formations universitaires et programmes de certification :**
   - **MBA en Finance :**
     - **Description :** Un Master en Administration des Affaires (MBA) avec une spécialisation en finance offre une formation approfondie sur la gestion financière, l'analyse des investissements et les stratégies de marché.
     - **Institutions populaires :** Harvard Business School, Wharton School, INSEAD.
   - **Diplômes de finance :**
     - **Description :** Des diplômes spécialisés en finance offrent une formation ciblée sur des sujets tels que l'analyse financière, la gestion des investissements, et la finance internationale.

**Certifications professionnelles**

1. **Chartered Financial Analyst (CFA) :**
   - **Description :** La certification CFA est reconnue mondialement et est considérée comme l'une des

## Chapitre 8

plus prestigieuses dans le domaine de l'investissement.

- **Niveaux :** Trois niveaux d'examens couvrant un large éventail de sujets financiers, y compris l'analyse des actions, la gestion de portefeuille, et l'éthique professionnelle.
- **Avantages :** Profondeur des connaissances, reconnaissance internationale, amélioration des perspectives de carrière.

2. **Certified Financial Planner (CFP) :**
   - **Description :** La certification CFP est axée sur la planification financière personnelle et est reconnue dans de nombreux pays.
   - **Contenu :** Comprend des sujets tels que la planification de la retraite, la gestion des risques, la planification fiscale, et la gestion de portefeuille.
   - **Avantages :** Reconnaissance dans le domaine de la planification financière, accès à un réseau de professionnels certifiés.

3. **Financial Risk Manager (FRM) :**
   - **Description :** La certification FRM est destinée aux professionnels de la gestion des risques.
   - **Contenu :** Couvre la gestion des risques financiers, la mesure et la gestion des risques de crédit et de marché, et les outils d'analyse quantitative.
   - **Avantages :** Spécialisation dans la gestion des risques, reconnaissance par les employeurs dans le domaine de la finance.

4. **Certified International Investment Analyst (CIIA) :**
   - **Description :** La certification CIIA est une qualification internationale pour les professionnels de l'investissement.
   - **Contenu :** Inclut des sujets tels que l'analyse financière, la gestion de portefeuille, et les instruments financiers internationaux.

- **Avantages :** Perspective globale sur les investissements, reconnaissance dans plusieurs pays.

5. **Series 7 :**
   - **Description :** La licence Series 7 est nécessaire pour ceux qui souhaitent devenir des représentants enregistrés aux États-Unis.
   - **Contenu :** Comprend la vente de titres, la gestion des clients, et la conformité réglementaire.
   - **Avantages :** Obligatoire pour de nombreux rôles de vente de titres aux États-Unis, reconnaissance par les employeurs.

**Avantages de la formation continue et des certifications**

1. **Mise à jour des connaissances :**
   - **Actualisation des compétences :** Les marchés financiers évoluent constamment. La formation continue permet de rester à jour avec les nouvelles tendances, technologies, et régulations.
   - **Compréhension approfondie :** Les certifications et les cours avancés offrent une compréhension approfondie des concepts financiers complexes.
2. **Amélioration des perspectives de carrière :**
   - **Reconnaissance professionnelle :** Les certifications reconnues peuvent améliorer votre crédibilité et votre attractivité auprès des employeurs.
   - **Avancement professionnel :** Les connaissances et compétences acquises peuvent conduire à des promotions et à des opportunités de carrière accrues.
3. **Réseautage et opportunités :**
   - **Accès à des réseaux professionnels :** Les programmes de certification et les cours universitaires offrent des opportunités de réseautage avec des professionnels de l'industrie.

## Chapitre 8

- **Participation à des événements :** Les certifications peuvent donner accès à des conférences, des séminaires, et d'autres événements exclusifs.

## Conclusion

La formation continue et l'obtention de certifications professionnelles sont des investissements précieux pour quiconque souhaite réussir sur les marchés financiers. Ces efforts permettent non seulement de se tenir au courant des dernières tendances et des meilleures pratiques, mais aussi d'améliorer ses compétences et d'accroître ses perspectives de carrière. Que vous soyez un investisseur individuel ou un professionnel de la finance, intégrer la formation continue et les certifications dans votre parcours professionnel peut grandement améliorer vos chances de succès.

## Chapitre 10 : Études de cas et analyses

### Exemples d'investissements réussis

Analyser des exemples d'investissements réussis permet de comprendre les stratégies et les décisions qui ont conduit à des résultats positifs. Voici plusieurs études de cas d'investissements réussis, mettant en lumière les différentes approches et les leçons que l'on peut en tirer.

#### 1. Investissement à long terme : Berkshire Hathaway de Warren Buffett

**Contexte :** Warren Buffett, surnommé l'Oracle d'Omaha, est célèbre pour son approche d'investissement à long terme. Il a pris le contrôle de Berkshire Hathaway en 1965 et a transformé l'entreprise en un conglomérat tentaculaire.

**Stratégie :**

- **Valeur intrinsèque :** Buffett recherche des entreprises sous-évaluées par le marché mais ayant un potentiel de croissance à long terme.
- **Achat et détention :** Une fois investi, Buffett privilégie la détention à long terme, capitalisant sur la croissance de l'entreprise et réinvestissant ses profits.
- **Analyse fondamentale :** Buffett se base sur des principes d'analyse fondamentale pour évaluer les entreprises, examinant des critères tels que les bénéfices, les marges et le retour sur capital.

**Résultats :**

- **Performance :** Sous la direction de Buffett, Berkshire Hathaway a généré des rendements exceptionnels pour ses actionnaires. Le cours de l'action a augmenté de plusieurs milliers de pourcents depuis les années 1960.
- **Diversification :** Berkshire Hathaway possède une vaste gamme d'entreprises dans divers secteurs, y compris les assurances, les chemins de fer, l'énergie et la consommation courante.

## Chapitre 10

**Leçons à tirer :**

- **Patience et vision à long terme :** L'importance de la patience et de la vision à long terme dans la réalisation de gains substantiels.
- **Sélection rigoureuse des actions :** L'approche méthodique et rigoureuse de l'analyse fondamentale peut mener à des investissements fructueux.

### 2. Investissement technologique : Apple Inc. de Carl Icahn

**Contexte :** Carl Icahn, un investisseur activiste, a pris une position importante dans Apple Inc. en 2013, alors que l'entreprise connaissait un ralentissement de la croissance de ses bénéfices et une chute de son cours de bourse.

**Stratégie :**

- **Investissement activiste :** Icahn utilise sa position d'actionnaire pour influencer la direction de l'entreprise, souvent en faisant pression pour des changements stratégiques ou financiers.
- **Retour sur capital :** Il a poussé Apple à utiliser ses réserves de trésorerie pour des rachats d'actions et des augmentations de dividendes, augmentant ainsi la valeur pour les actionnaires.

**Résultats :**

- **Rendements significatifs :** Le cours de l'action Apple a fortement augmenté après l'entrée d'Icahn et les mesures qu'il a préconisées. Ses actions ont généré des rendements substantiels.
- **Augmentation de la valeur actionnariale :** Les rachats d'actions ont réduit le nombre d'actions en circulation, augmentant la valeur par action et le bénéfice par action.

**Leçons à tirer :**

- **Impact de l'investissement activiste :** Les investisseurs activistes peuvent avoir une influence significative sur la direction stratégique d'une entreprise et, par conséquent, sur son cours de bourse.
- **Importance du retour sur capital :** Maximiser le retour sur capital est essentiel pour créer de la valeur actionnariale.

## 3. Stratégie de croissance : Amazon.com de Jeff Bezos

**Contexte :** Jeff Bezos a fondé Amazon en 1994 en tant que librairie en ligne. L'entreprise s'est ensuite diversifiée pour devenir l'un des plus grands détaillants en ligne et un leader dans divers secteurs, y compris le cloud computing.

**Stratégie :**

- **Réinvestissement des profits :** Bezos a continuellement réinvesti les bénéfices dans la croissance et l'expansion de l'entreprise, souvent au détriment des bénéfices à court terme.
- **Diversification et innovation :** Amazon a constamment innové et diversifié ses activités, pénétrant de nouveaux marchés et industries, comme l'Amazon Web Services (AWS).

**Résultats :**

- **Croissance explosive :** Amazon est devenue l'une des entreprises les plus précieuses au monde, avec une capitalisation boursière de plusieurs billions de dollars.
- **Domination de marché :** Amazon est leader dans le commerce électronique et le cloud computing, avec une présence mondiale.

**Leçons à tirer :**

- **Réinvestissement stratégique :** Le réinvestissement des bénéfices dans la croissance à long terme peut porter des fruits substantiels.
- **Innovation constante :** La capacité à innover et à diversifier ses activités est cruciale pour rester compétitif et croître.

| 2004 | 2010 | 2015 | 2020 | 2023 |
|---|---|---|---|---|
| Investissement dans Apple | Tesla IPO | Investissement dans Amazon | Bitcoin | NVIDIA |
| 150% de croissance | 2000% de croissance | 300% de croissance | 400% de croissance | 500% de croissance |

## Chapitre 10

### Conclusion

L'examen de ces exemples d'investissements réussis illustre différentes approches et stratégies qui ont conduit à des résultats remarquables. Qu'il s'agisse de l'investissement à long terme de Warren Buffett, de l'investissement activiste de Carl Icahn, ou de la stratégie de croissance de Jeff Bezos, chaque cas offre des leçons précieuses sur la patience, la sélection rigoureuse des investissements, l'impact de l'activisme, et l'importance de l'innovation. Ces exemples démontrent que la réussite en investissement repose sur une combinaison de connaissances approfondies, de stratégie bien pensée, et de discipline.

### Erreurs courantes et comment les éviter

Investir en bourse et dans d'autres marchés financiers peut être profitable, mais il est également facile de commettre des erreurs qui peuvent coûter cher. Voici un examen des erreurs courantes que font les investisseurs, accompagné de stratégies pour les éviter.

#### 1. Manque de diversification

**Erreur :**

- **Concentration des investissements :** Investir une grande partie de son portefeuille dans une seule action ou un seul secteur.
- **Risque accru :** En cas de baisse de cette action ou de ce secteur, l'ensemble du portefeuille peut être gravement affecté.

**Comment l'éviter :**

- **Diversification :** Répartir les investissements sur différentes classes d'actifs (actions, obligations, immobilier, etc.) et dans divers secteurs pour réduire le risque.
- **Allocation d'actifs :** Établir une allocation d'actifs basée sur votre tolérance au risque et vos objectifs financiers.

#### 2. Investir sans faire de recherche

**Erreur :**

- **Décisions impulsives :** Suivre des conseils d'investissement sans effectuer sa propre analyse.

- **Manque de compréhension :** Acheter des actifs sans comprendre les fondamentaux de l'entreprise ou du marché.

**Comment l'éviter :**

- **Recherche approfondie :** Analyser les états financiers, les tendances de l'industrie, et les conditions du marché avant d'investir.
- **Utilisation d'outils d'analyse :** Utiliser des outils d'analyse technique et fondamentale pour prendre des décisions éclairées.

### 3. Tentative de timing du marché

**Erreur :**

- **Entrées et sorties fréquentes :** Essayer d'acheter au plus bas et de vendre au plus haut, ce qui est extrêmement difficile à réaliser de manière cohérente.
- **Frais élevés :** Les transactions fréquentes peuvent entraîner des frais de courtage élevés et des impacts fiscaux négatifs.

**Comment l'éviter :**

- **Stratégie à long terme :** Adopter une stratégie d'investissement à long terme, en se concentrant sur la croissance à long terme plutôt que sur les gains rapides.
- **Investissement régulier :** Pratiquer l'investissement régulier (dollar-cost averaging) pour lisser les fluctuations du marché.

### 4. Ignorer la gestion des risques

**Erreur :**

- **Absence de plan de sortie :** Ne pas avoir de stratégie pour sortir d'un investissement en cas de perte.
- **Surexposition :** Prendre des positions trop importantes par rapport à la taille du portefeuille.

**Comment l'éviter :**

- **Plans de stop-loss :** Définir des niveaux de stop-loss pour limiter les pertes potentielles.
- **Gestion de position :** Ne jamais investir plus que ce que l'on est prêt à perdre dans une seule position.

## 5. Laisser les émotions guider les décisions

**Erreur :**

- **Peur et cupidité :** La peur peut inciter à vendre prématurément, tandis que la cupidité peut pousser à prendre des risques excessifs.
- **Stress et panique :** Les réactions émotionnelles aux fluctuations du marché peuvent mener à des décisions irrationnelles.

**Comment l'éviter :**

- **Plan d'investissement :** Élaborer et suivre un plan d'investissement basé sur des objectifs financiers clairs et une tolérance au risque définie.
- **Discipline et patience :** Rester discipliné et patient face aux fluctuations du marché, en se rappelant que l'investissement est un marathon, pas un sprint.

## 6. Suivre aveuglément les tendances

**Erreur :**

- **Investir dans les "buzz" :** Acheter des actions ou des actifs simplement parce qu'ils sont populaires ou en hausse rapide.
- **Bulle spéculative :** Se retrouver pris dans des bulles de marché, où les actifs sont surévalués par rapport à leurs fondamentaux.

**Comment l'éviter :**

- **Analyse critique :** Toujours effectuer sa propre analyse critique et ne pas se laisser influencer par les médias ou les opinions populaires.
- **Focalisation sur les fondamentaux :** Se concentrer sur les fondamentaux de l'investissement plutôt que sur les tendances à court terme.

## 7. Négliger la révision régulière du portefeuille

**Erreur :**

- **Stagnation du portefeuille :** Ne pas revoir et ajuster régulièrement le portefeuille en fonction des objectifs financiers et des conditions du marché.
- **Risque d'obsolescence :** Les changements dans les entreprises, les industries ou l'économie peuvent rendre certains investissements moins attractifs.

**Comment l'éviter :**

- **Révision périodique :** Réviser régulièrement le portefeuille, au moins une fois par an, pour s'assurer qu'il est aligné avec les objectifs financiers.
- **Rééquilibrage :** Rééquilibrer le portefeuille pour maintenir l'allocation d'actifs cible.

| Erreur | Conséquence | Solution |
| --- | --- | --- |
| Investir sans recherche | Perte de capital | Effectuer une analyse approfondie |
| Manque de diversification | Augmentation du risque | Diversifier le portefeuille |
| Ne pas fixer de stop-loss | Pertes importantes | Utiliser des ordres stop-loss |
| Suivre aveuglément les tendances | Mauvaises décisions d'investissement | Faire ses propres analyses |

# Chapitre 10

## Conclusion

Les erreurs d'investissement peuvent être coûteuses, mais elles sont souvent évitables avec une approche réfléchie et disciplinée. En diversifiant les investissements, en faisant des recherches approfondies, en évitant de tenter de timer le marché, en gérant les risques, en gardant les émotions sous contrôle, en évitant de suivre aveuglément les tendances, et en révisant régulièrement le portefeuille, les investisseurs peuvent améliorer leurs chances de succès et minimiser les pertes potentielles. Une approche stratégique et disciplinée est la clé pour naviguer avec succès dans le monde complexe de l'investissement financier.

## Analyse de crises boursières historiques

Les crises boursières sont des événements marquants qui peuvent avoir des répercussions économiques profondes et durables. Comprendre ces crises permet aux investisseurs de mieux se préparer et de tirer des leçons pour l'avenir. Voici une analyse de certaines des crises boursières les plus notables de l'histoire.

### 1. Le krach de 1929

**Contexte :** Le krach boursier de 1929, également connu sous le nom de "jeudi noir", a marqué le début de la Grande Dépression. Cette crise a été précédée par une décennie de prospérité économique et de spéculation intense sur les marchés boursiers.

**Causes :**

- **Spéculation excessive :** Les investisseurs empruntaient massivement pour acheter des actions, gonflant artificiellement les prix.
- **Surproduction industrielle :** L'économie produisait plus de biens que la demande ne pouvait absorber.
- **Faiblesses structurelles :** Des secteurs entiers de l'économie, notamment l'agriculture et l'industrie, étaient en difficulté avant le krach.

**Déroulement :**

- **Jeudi noir (24 octobre 1929) :** Les cours des actions commencent à chuter de manière drastique, entraînant une panique généralisée.

- **Propagation :** La chute des marchés s'étend aux semaines suivantes, effaçant des milliards de dollars de valeur boursière.

**Conséquences :**

- **Grande Dépression :** Cette crise a entraîné une récession économique mondiale, avec une forte augmentation du chômage et une baisse drastique de la production industrielle.
- **Réglementations financières :** L'événement a conduit à la création de nouvelles régulations financières, notamment la Securities and Exchange Commission (SEC) aux États-Unis.

**Leçons tirées :**

- **Régulation des marchés :** L'importance de réguler les marchés financiers pour éviter des niveaux excessifs de spéculation.
- **Prudence en période de prospérité :** Même en période de forte croissance, les investisseurs doivent rester prudents et éviter de prendre des risques excessifs.

### 2. Le krach boursier de 1987

**Contexte :** Le krach d'octobre 1987, connu sous le nom de "lundi noir", a vu le Dow Jones Industrial Average chuter de plus de 22 % en une seule journée.

**Causes :**

- **Program trading :** L'utilisation généralisée des systèmes de trading automatisés a exacerbé la vente massive d'actions.
- **Valorisations élevées :** Les actions étaient considérées comme surévaluées après une longue période de hausses.
- **Facteurs géopolitiques :** Des tensions géopolitiques et des inquiétudes concernant l'économie mondiale ont contribué à l'incertitude.

**Déroulement :**

- **Lundi noir (19 octobre 1987) :** Le marché boursier américain s'effondre, suivi par les bourses du monde entier.

# Chapitre 10

**Conséquences :**

- **Réaction rapide des banques centrales :** Les banques centrales, notamment la Réserve fédérale américaine, ont rapidement injecté des liquidités dans le système financier pour stabiliser les marchés.
- **Introduction de nouvelles régulations :** Des mesures telles que les "circuit breakers" ont été mises en place pour suspendre les transactions en cas de mouvements de marché extrêmes.

**Leçons tirées :**

- **Importance de la liquidité :** Le rôle crucial des banques centrales pour fournir de la liquidité en période de crise.
- **Régulation des systèmes automatisés :** La nécessité de réguler les technologies de trading pour prévenir des ventes paniques automatisées.

## 3. La bulle internet de 2000

**Contexte :** La fin des années 1990 a vu une explosion des valeurs technologiques, avec des valorisations atteignant des niveaux stratosphériques malgré des fondamentaux souvent faibles ou inexistants.

**Causes :**

- **Spéculation intense :** Les investisseurs achetaient des actions technologiques avec l'espoir de gains rapides, souvent sans se soucier des profits réels des entreprises.
- **IPO mania :** De nombreuses entreprises technologiques ont été introduites en bourse à des valorisations extrêmement élevées.
- **Manque de régulation :** Les marchés n'avaient pas encore mis en place des régulations adaptées à l'explosion de l'économie numérique.

**Déroulement :**

- **Mars 2000 :** Le NASDAQ atteint son pic avant de commencer une descente rapide et prolongée.
- **Déclin prolongé :** Les actions technologiques perdent une grande partie de leur valeur au cours des deux années suivantes.

**Conséquences :**

- **Perte de richesse :** Des billions de dollars de valeur boursière sont effacés, impactant les investisseurs institutionnels et individuels.
- **Récession économique :** L'éclatement de la bulle entraîne une récession, particulièrement douloureuse dans le secteur technologique.

**Leçons tirées :**

- **Valorisation réaliste :** L'importance de baser les décisions d'investissement sur des fondamentaux solides plutôt que sur l'euphorie du marché.
- **Prudence face aux nouvelles technologies :** Même dans les secteurs à forte croissance, il est crucial d'évaluer les risques de manière prudente.

### 4. La crise financière de 2008

**Contexte :** La crise financière de 2008, déclenchée par l'effondrement du marché immobilier américain, a été l'une des pires crises depuis la Grande Dépression.

**Causes :**

- **Prêts hypothécaires subprime :** Les banques ont accordé des prêts hypothécaires à risque élevé à des emprunteurs peu solvables.
- **Produits financiers complexes :** La titrisation et les produits dérivés basés sur les hypothèques ont caché les véritables niveaux de risque.
- **Régulation laxiste :** Un manque de régulation adéquate a permis aux pratiques risquées de prospérer.

**Déroulement :**

- **Effondrement des prix immobiliers :** Les défauts de paiement sur les hypothèques subprime augmentent, entraînant une chute des prix immobiliers.
- **Crise bancaire :** Les grandes institutions financières commencent à s'effondrer, culminant avec la faillite de Lehman Brothers en septembre 2008.

# Chapitre 10

**Conséquences :**

- **Récession mondiale :** La crise entraîne une récession mondiale sévère, avec des millions de pertes d'emplois et une baisse significative de la production économique.
- **Intervention gouvernementale :** Les gouvernements et les banques centrales du monde entier interviennent avec des plans de sauvetage et des mesures de relance sans précédent.

**Leçons tirées :**

- **Régulation stricte :** La nécessité d'une régulation financière stricte pour prévenir les pratiques risquées.
- **Transparence financière :** L'importance de la transparence et de la clarté dans les produits financiers pour évaluer correctement les risques.

| 1929 | 1987 | 2000 | 2008 | 2020 |
|---|---|---|---|---|
| Grande Dépression | Lundi noir | Bulle Internet | Crise financière mondiale | Pandémie COVID-19 |
| -80% sur le marché | -22% en un jour | -50% sur le Nasdaq | -50% sur le S&P 500 | -30% sur le S&P 500 |
| Importance de la diversification | Importance de la gestion des risques | Éviter les bulles spéculatives | Importance des liquidités | Gérer les risques sanitaires |

**Conclusion**

Les crises boursières sont des événements complexes et souvent imprévisibles, mais elles offrent des leçons précieuses pour les investisseurs. En comprenant les causes et les conséquences de ces crises, les investisseurs peuvent mieux se préparer à gérer les risques et à naviguer dans des marchés volatils. La diversification, la recherche approfondie, la prudence face aux tendances et la gestion rigoureuse des risques sont des stratégies clés pour minimiser les impacts des crises futures.

## Leçons tirées des grands traders et investisseurs

Apprendre des plus grands traders et investisseurs est essentiel pour tout individu cherchant à réussir sur les marchés financiers. Ces experts ont développé des stratégies, des mentalités et des approches qui leur ont permis de surmonter les défis du marché et de réaliser des performances exceptionnelles. Voici quelques leçons tirées des plus grands noms de l'investissement.

### Warren Buffett : Investir dans la valeur

**Principes clés :**

- **Investir à long terme :** Warren Buffett est célèbre pour son approche d'investissement à long terme. Il choisit des entreprises avec des fondamentaux solides et les conserve pendant des décennies.
- **Analyse fondamentale :** Buffett se concentre sur l'analyse des états financiers et la compréhension des business models des entreprises avant d'investir.
- **Marge de sécurité :** Il investit avec une marge de sécurité, achetant des actions à un prix inférieur à leur valeur intrinsèque estimée.

**Citation célèbre :**

- "Price is what you pay. Value is what you get."

**Leçons à retenir :**

- **Investissez dans des entreprises que vous comprenez :** Connaître l'activité de l'entreprise et ses perspectives est crucial.
- **Concentrez-vous sur la valeur intrinsèque :** Cherchez des opportunités où le prix du marché est inférieur à la valeur réelle de l'entreprise.
- **Ayez une vision à long terme :** Évitez les fluctuations à court terme et maintenez vos investissements à long terme.

# Chapitre 10

## George Soros : Réflexivité et spéculation

**Principes clés :**

- **Théorie de la réflexivité :** Soros croit que les perceptions des investisseurs peuvent influencer la réalité économique, créant des cycles de boom et de bust.
- **Prise de risque calculée :** Il est connu pour prendre des positions spéculatives importantes basées sur des analyses macroéconomiques.
- **Flexibilité :** Soros adapte rapidement ses stratégies en fonction des changements du marché.

**Citation célèbre :**

- "It's not whether you're right or wrong that's important, but how much money you make when you're right and how much you lose when you're wrong."

**Leçons à retenir :**

- **Soyez flexible :** Adaptez vos stratégies en fonction des conditions changeantes du marché.
- **Analysez les perceptions du marché :** Comprenez comment les croyances des investisseurs peuvent affecter les prix des actifs.
- **Gérez les risques :** Assurez-vous que les gains potentiels justifient les risques encourus.

## Peter Lynch : Investir dans ce que vous connaissez

**Principes clés :**

- **Investir dans des entreprises familières :** Lynch encourage les investisseurs à investir dans des entreprises qu'ils comprennent et utilisent quotidiennement.
- **Recherche approfondie :** Avant d'investir, il effectue une recherche approfondie sur les entreprises, y compris une analyse des états financiers et des perspectives de croissance.
- **Diversification :** Lynch recommande de diversifier son portefeuille pour minimiser les risques.

**Citation célèbre :**

- "Know what you own, and know why you own it."

**Leçons à retenir :**

- **Investissez dans des secteurs que vous comprenez :** Connaître les produits et services des entreprises peut vous donner un avantage.
- **Faites vos devoirs :** Effectuez une recherche approfondie avant de prendre une décision d'investissement.
- **Diversifiez votre portefeuille :** Ne mettez pas tous vos œufs dans le même panier pour réduire les risques.

## Ray Dalio : Les principes et la gestion des risques

**Principes clés :**

- **Gestion des risques :** Dalio met l'accent sur la gestion des risques et la diversification pour protéger les portefeuilles contre les incertitudes du marché.
- **Prédiction de cycles économiques :** Il utilise une approche macroéconomique pour prédire les cycles économiques et adapter ses stratégies en conséquence.
- **Transparence et apprentissage :** Dalio prône la transparence et l'apprentissage constant, encourageant la culture du feedback.

**Citation célèbre :**

- "He who lives by the crystal ball will eat shattered glass."

**Leçons à retenir :**

- **Gérez les risques de manière proactive :** Identifiez et gérez les risques potentiels avant qu'ils n'affectent vos investissements.
- **Soyez conscient des cycles économiques :** Adaptez vos stratégies en fonction des phases du cycle économique.
- **Apprenez constamment :** Cherchez à améliorer continuellement vos connaissances et vos compétences en investissement.

## Jesse Livermore : La psychologie du marché

**Principes clés :**

- **Analyse technique :** Livermore utilise l'analyse technique pour identifier les tendances et les points d'inflexion du marché.

# Chapitre 10

- **Psychologie du marché :** Il met l'accent sur l'importance de comprendre la psychologie des foules et l'impact des émotions sur les prix des actifs.
- **Timing du marché :** Livermore est connu pour ses compétences en timing du marché, entrant et sortant des positions au bon moment.

**Citation célèbre :**

- "The game taught me the game. And it didn't spare me the rod while teaching."

**Leçons à retenir :**

- **Comprenez la psychologie des investisseurs :** Les émotions et les comportements des autres investisseurs peuvent créer des opportunités.
- **Utilisez l'analyse technique :** Identifiez les tendances et les points d'entrée/sortie basés sur des modèles de prix.
- **Soyez patient et discipliné :** Attendez les bonnes opportunités et suivez vos stratégies sans être influencé par les émotions.

**Conclusion**

Les grands traders et investisseurs ont chacun développé des approches uniques et des stratégies spécifiques qui leur ont permis de réussir sur les marchés financiers. En étudiant leurs techniques, leurs philosophies et leurs leçons tirées de l'expérience, les investisseurs peuvent acquérir des connaissances précieuses et appliquer ces principes pour améliorer leurs propres performances. Que ce soit par l'investissement à long terme, la spéculation à court terme, la gestion des risques ou la compréhension de la psychologie du marché, il existe de nombreuses façons de naviguer avec succès dans le monde complexe de l'investissement.

# Conclusion

## Résumé des points clés

Le monde de la bourse et de l'investissement est vaste et complexe, mais une compréhension claire des concepts fondamentaux, des stratégies et des risques peut transformer un novice en un investisseur éclairé. Voici un résumé des points clés abordés tout au long de ce livre :

### 1. Les Fondations de la Bourse

- **Définition et Importance** : La bourse permet l'achat et la vente d'actions et d'autres instruments financiers, facilitant ainsi le financement des entreprises et l'investissement pour les particuliers.
- **Principaux Marchés Boursiers** : Les bourses mondiales comme le NYSE, le NASDAQ, la Bourse de Tokyo, et d'autres jouent des rôles cruciaux dans l'économie mondiale.
- **Acteurs du Marché** : Les investisseurs individuels, les institutions financières, les courtiers et les régulateurs jouent tous des rôles essentiels dans le fonctionnement des marchés boursiers.

### 2. Instruments Financiers

- **Actions** : Titres de propriété d'une entreprise, avec deux types principaux : ordinaires et préférentielles.
- **Obligations** : Titres de créance émis par des entreprises ou des gouvernements, offrant un revenu fixe.
- **Fonds Communs de Placement** : Portefeuilles diversifiés gérés par des professionnels.
- **ETFs** : Fonds négociés en bourse, offrant une diversification à faible coût et une flexibilité de trading.
- **Options et Dérivés** : Instruments financiers complexes permettant des stratégies de couverture et de spéculation.

### 3. Mécanismes du Marché

- **Offre et Demande** : Le moteur des fluctuations de prix, influencé par divers facteurs économiques et psychologiques.
- **Ordres de Bourse** : Comprendre les différents types d'ordres (marché, limité, stop) est crucial pour la gestion des trades.

# Conclusion

- **Volatilité et Liquidité** : La volatilité mesure la fluctuation des prix, tandis que la liquidité désigne la facilité de conversion d'un actif en cash.

## 4. Analyse Financière

- **Analyse Technique** : Utilise des graphiques et des indicateurs pour prédire les mouvements de prix.
  - **Graphiques et Indicateurs** : Types de graphiques, RSI, MACD, moyennes mobiles, et figures chartistes comme les triangles et têtes-épaules.
- **Analyse Fondamentale** : Évalue la valeur intrinsèque d'une entreprise à travers ses états financiers, ratios financiers (PER, ROE, ROA), et une analyse sectorielle et économique.

## 5. Stratégies d'Investissement

- **Long Terme vs Court Terme** : Différences entre investissement à long terme et trading à court terme, avec des stratégies de diversification et de gestion du risque.
- **Gestion du Risque** : Utilisation de stop-loss, take-profit, et gestion du capital pour protéger les investissements.
- **Investissement Socialement Responsable (ISR)** : Prendre en compte les critères environnementaux, sociaux et de gouvernance dans les décisions d'investissement.
- **Trading Algorithmique et Automatisé** : Utilisation de logiciels pour automatiser les stratégies de trading, augmentant la vitesse et la précision.

## 6. Psychologie du Trading

- **Biais Psychologiques** : Effet de disposition, biais de confirmation, et autres pièges mentaux qui influencent les décisions d'investissement.
- **Discipline et Patience** : La clé de la réussite dans l'investissement, en évitant les décisions impulsives et en suivant des stratégies établies.
- **Gestion des Émotions** : Comprendre et contrôler la peur, la cupidité et le stress pour maintenir une discipline rigoureuse.

## 7. Outils et Ressources

- **Plateformes de Trading et Courtiers** : Choix des plateformes et des courtiers adaptés à vos besoins d'investissement.

## Conclusion

- **Logiciels et Applications** : Utilisation d'outils pour le suivi des marchés, les analyses techniques, et la gestion de portefeuille.
- **Sites Web et Publications Financières** : Sources d'information essentielles pour rester informé des actualités et des analyses économiques.
- **Communautés et Forums** : Importance de rejoindre des communautés d'investisseurs pour échanger des idées et des stratégies.
- **Formation Continue et Certifications** : L'importance de l'éducation continue et des certifications pour rester compétent dans un domaine en constante évolution.

### 8. Études de Cas et Analyses

- **Exemples d'Investissements Réussis** : Études de cas de grands investisseurs, comme Warren Buffett et Peter Lynch, montrant des stratégies gagnantes.
- **Erreurs Courantes et Comment les Éviter** : Identification des erreurs fréquentes comme le manque de diversification ou l'émotionnel dans les décisions d'investissement.
- **Analyse de Crises Historiques** : Étude des crises boursières majeures, de 1929 à 2008, et des leçons tirées pour mieux se préparer à l'avenir.

### 9. Développement d'une Mentalité de Trader/Invesstisseur Gagnant

- **Adopter une Vision Long Terme** : Ne pas se laisser emporter par la volatilité quotidienne, mais se concentrer sur la croissance à long terme.
- **Apprendre des Grands** : Intégrer les stratégies et les philosophies de traders et investisseurs légendaires pour affiner votre propre approche.

### En Conclusion

Naviguer dans le monde complexe de la bourse et de l'investissement nécessite une combinaison de connaissances, de discipline, et de psychologie. En appliquant les leçons apprises de ce livre, vous serez mieux équipé pour prendre des décisions éclairées, gérer les risques efficacement, et atteindre vos objectifs financiers. Que vous soyez un investisseur débutant ou expérimenté, continuez à apprendre, à vous adapter et à évoluer avec le marché pour maximiser vos chances de succès.

# Conclusion

## Conseils pour se lancer dans la bourse

Investir en bourse peut sembler intimidant pour les débutants, mais avec les bonnes stratégies et une bonne compréhension des principes de base, il est possible de commencer en toute confiance. Voici quelques conseils essentiels pour vous aider à vous lancer dans la bourse :

### 1. Éducation et Formation

- **Lisez des livres et des articles** : Familiarisez-vous avec les concepts de base de la bourse, des actions, des obligations, des fonds communs de placement, des ETFs, et des dérivés.
- **Suivez des cours en ligne** : Il existe de nombreuses ressources éducatives en ligne qui couvrent divers aspects de l'investissement boursier.
- **Rejoignez des forums et des communautés** : Participez à des discussions avec d'autres investisseurs pour partager des connaissances et des expériences.

### 2. Définissez vos Objectifs Financiers

- **Court terme vs long terme** : Identifiez si vos objectifs sont à court terme (moins de 5 ans) ou à long terme (plus de 5 ans). Cela influencera vos choix d'investissement.
- **Montant à investir** : Déterminez combien vous êtes prêt à investir et assurez-vous que cet argent est disponible à long terme.

### 3. Choisissez un Courtier

- **Comparez les courtiers** : Recherchez les courtiers qui offrent les services dont vous avez besoin, avec des frais raisonnables et une plateforme facile à utiliser.
- **Vérifiez la régulation** : Assurez-vous que le courtier est réglementé par une autorité reconnue pour garantir la sécurité de vos investissements.

### 4. Commencez Petit et Progressez Graduellement

- **Investissez des petites sommes** : Commencez par investir des montants que vous pouvez vous permettre de perdre.

## Conclusion

- **Diversifiez votre portefeuille** : Ne mettez pas tous vos œufs dans le même panier. Investissez dans différents secteurs et types d'actifs pour réduire les risques.

5. **Utilisez un Compte Démo**

    - **Pratiquez sans risque** : De nombreux courtiers offrent des comptes de démonstration où vous pouvez trader avec de l'argent virtuel pour vous familiariser avec la plateforme et les stratégies sans risquer votre capital réel.

6. **Établissez une Stratégie d'Investissement**

    - **Analyse fondamentale vs technique** : Décidez si vous souhaitez vous baser sur les fondamentaux des entreprises (états financiers, ratios financiers, etc.) ou sur l'analyse technique (graphique des prix, indicateurs techniques, etc.).
    - **Fixez des critères d'achat et de vente** : Déterminez à l'avance les conditions dans lesquelles vous achèterez ou vendrez des actions pour éviter les décisions impulsives.

7. **Gestion des Risques**

    - **Utilisez des ordres stop-loss** : Protégez votre capital en plaçant des ordres stop-loss pour limiter vos pertes potentielles.
    - **Diversifiez vos investissements** : Répartissez vos investissements sur plusieurs actifs pour réduire le risque.

8. **Suivi et Évaluation**

    - **Revue régulière** : Évaluez régulièrement les performances de vos investissements et ajustez votre portefeuille si nécessaire.
    - **Restez informé** : Suivez les actualités économiques et financières pour rester informé des tendances du marché et des événements susceptibles d'affecter vos investissements.

9. **Gérez Vos Émotions**

    - **Patience et discipline** : La bourse nécessite de la patience. Ne laissez pas la peur ou la cupidité influencer vos décisions.
    - **Restez rationnel** : Basez vos décisions d'investissement sur des analyses et des données plutôt que sur des émotions.

## Conclusion

### 10. Formation Continue

- **Continuez à apprendre** : Le marché boursier est en constante évolution. Continuez à vous éduquer et à vous tenir au courant des nouvelles tendances et des nouvelles techniques d'investissement.

### Conclusion

Se lancer dans la bourse demande de la préparation, de l'éducation et une approche disciplinée. En suivant ces conseils, vous pouvez développer une base solide pour vos investissements et augmenter vos chances de succès à long terme. N'oubliez pas que chaque investisseur a son propre style et ses propres objectifs, alors adaptez ces conseils à votre situation personnelle et restez flexible dans votre approche.

### Les Tendances Futures et les Nouvelles Opportunités

Investir en bourse implique de rester à jour avec les tendances émergentes et d'identifier de nouvelles opportunités. Le monde financier évolue constamment, influencé par des avancées technologiques, des changements économiques et des dynamiques sociales. Voici quelques tendances futures et opportunités à surveiller :

### 1. Technologie et Innovation

- **Intelligence Artificielle (IA) et Machine Learning** : L'IA transforme de nombreux secteurs, de la finance à la santé, créant des opportunités d'investissement dans des entreprises innovantes.
- **Blockchain et Cryptomonnaies** : Bien que volatiles, les cryptomonnaies et les technologies blockchain sous-jacentes offrent des opportunités de croissance considérables.
- **Internet des Objets (IoT)** : Avec l'augmentation des appareils connectés, les entreprises impliquées dans l'IoT sont susceptibles de croître.
- **Cyber-sécurité** : La protection des données devient de plus en plus cruciale, rendant les entreprises de cybersécurité des cibles attractives pour les investissements.

## Conclusion

### 2. Changement Climatique et Énergie

- **Énergies Renouvelables** : La transition vers des sources d'énergie renouvelable comme le solaire et l'éolien crée des opportunités d'investissement à long terme.
- **Technologies de Stockage d'Énergie** : Les avancées dans les batteries et autres technologies de stockage d'énergie sont essentielles pour un avenir durable.
- **Entreprises ESG (Environnement, Social et Gouvernance)** : L'investissement socialement responsable gagne en popularité, et les entreprises respectant des critères ESG attirent de plus en plus de capitaux.

### 3. Santé et Biotechnologie

- **Médecine Personnalisée** : Les traitements basés sur le profil génétique des patients ouvrent de nouvelles perspectives dans le domaine de la santé.
- **Technologies de la Santé** : Les innovations comme les dispositifs médicaux connectés et la télémédecine se développent rapidement.
- **Recherche sur les Vaccins et Thérapies Génétiques** : La pandémie de COVID-19 a accéléré la recherche et le développement de nouvelles thérapies, créant des opportunités dans le secteur biopharmaceutique.

### 4. Économie et Démographie

- **Marchés Émergents** : Les économies en croissance rapide, notamment en Asie et en Afrique, offrent des opportunités d'investissement significatives.
- **Aging Population** : Le vieillissement de la population dans de nombreux pays crée des opportunités dans les secteurs de la santé, des soins aux personnes âgées et des produits de consommation adaptés aux seniors.
- **Urbanisation** : L'augmentation de l'urbanisation mondiale stimule la demande pour des infrastructures, des services publics, et des technologies de la ville intelligente.

### 5. Technologies de l'Information et Communication

## Conclusion

- **5G et au-delà** : Le déploiement de la 5G et les futures générations de réseaux de communication amélioreront la connectivité, créant des opportunités dans de nombreux secteurs.
- **Commerce Électronique et Fintech** : La montée en puissance du commerce électronique et des technologies financières transforme les modèles d'affaires traditionnels.

### 6. Nouvelles Stratégies d'Investissement

- **Investissement Thématique** : Se concentrer sur des thèmes d'avenir comme l'eau, la cybersécurité, et les véhicules électriques.
- **Stratégies de Diversification Avancée** : Utilisation d'algorithmes pour diversifier les portefeuilles et optimiser les rendements ajustés au risque.
- **Impact Investing** : Investir dans des entreprises ou des projets qui ont un impact social ou environnemental positif.

### Conclusion

Les tendances futures et les nouvelles opportunités nécessitent une vigilance constante et une capacité à s'adapter aux changements. Les investisseurs qui réussissent sont ceux qui identifient tôt ces tendances et qui ajustent leurs stratégies en conséquence. Que ce soit par l'intermédiaire de technologies de pointe, de changements démographiques, ou de nouvelles stratégies d'investissement, le monde de la bourse offre toujours des opportunités pour ceux qui sont prêts à les saisir. Gardez un œil sur ces tendances et continuez à éduquer et à adapter vos stratégies pour rester en tête du marché.

### Encouragement à l'apprentissage continu et à la prudence

Investir en bourse est une aventure complexe et fascinante qui requiert un engagement constant à l'apprentissage et une prudence rigoureuse. Les marchés financiers évoluent sans cesse, influencés par des facteurs économiques, politiques et technologiques. Pour naviguer efficacement dans ce paysage en perpétuel changement, voici quelques conseils pour maintenir votre éducation financière à jour et investir de manière prudente :

#### 1. Engagez-vous dans un Apprentissage Continu

- **Lectures et Formations** : Continuez à lire des livres, des articles, et à suivre des cours sur l'investissement. La finance est un domaine vaste et en constante évolution, où de nouvelles stratégies et technologies émergent régulièrement.

- **Actualités Financières** : Suivez les actualités économiques et financières pour comprendre les tendances du marché et les événements qui pourraient affecter vos investissements. Abonnez-vous à des journaux financiers, des blogs spécialisés et des podcasts.
- **Conférences et Séminaires** : Participez à des conférences et des séminaires sur l'investissement. Ces événements offrent une excellente occasion d'apprendre des experts et de réseauter avec d'autres investisseurs.

2. **Utilisez les Outils et Ressources Disponibles**

- **Plateformes de Trading** : Profitez des plateformes de trading qui offrent des ressources éducatives, des webinaires et des analyses de marché.
- **Logiciels et Applications** : Utilisez des logiciels et des applications pour suivre les marchés, analyser vos portefeuilles et tester des stratégies d'investissement.
- **Communautés et Forums** : Rejoignez des communautés d'investisseurs en ligne. Les forums peuvent être une mine d'informations où vous pouvez partager des idées et poser des questions.

3. **Adoptez une Approche Prudente**

- **Diversification** : Ne mettez pas tous vos œufs dans le même panier. Diversifiez vos investissements à travers différentes classes d'actifs, secteurs et régions géographiques pour réduire le risque.
- **Gestion des Risques** : Utilisez des outils de gestion des risques tels que les stop-loss et les take-profit pour protéger votre capital. Assurez-vous de ne jamais investir plus que ce que vous pouvez vous permettre de perdre.
- **Investissez de Manière Progressive** : Commencez avec des montants modestes et augmentez vos investissements au fur et à mesure que vous gagnez en expérience et en confiance.

4. **Restez Discipliné et Patient**

## Conclusion

- **Stratégie d'Investissement** : Élaborez une stratégie d'investissement claire et tenez-vous-y. Évitez de prendre des décisions impulsives basées sur des émotions ou des fluctuations de marché à court terme.
- **Vision à Long Terme** : Ayez une vision à long terme pour vos investissements. Les marchés peuvent être volatils à court terme, mais tendent à croître sur le long terme.
- **Revue Régulière** : Révisez régulièrement votre portefeuille et votre stratégie. Adaptez-vous aux changements du marché tout en gardant vos objectifs financiers à l'esprit.

### 5. Cherchez des Conseils Professionnels

- **Conseillers Financiers** : N'hésitez pas à consulter des conseillers financiers ou des experts en investissement pour obtenir des conseils personnalisés et des analyses professionnelles.
- **Mentorat** : Trouvez un mentor dans le domaine de l'investissement. Apprendre des expériences et des erreurs des autres peut vous aider à éviter les pièges courants et à réussir plus rapidement.

### Conclusion

L'investissement en bourse est un voyage d'apprentissage continu et d'adaptation. En restant curieux, en utilisant les outils et les ressources disponibles, et en adoptant une approche prudente et disciplinée, vous pouvez naviguer avec succès dans le monde complexe des marchés financiers. Rappelez-vous que chaque décision d'investissement doit être prise après une analyse approfondie et une évaluation des risques. En combinant l'apprentissage continu avec la prudence, vous augmenterez vos chances de réussir et de réaliser vos objectifs financiers à long terme. Bonne chance dans vos investissements !

# Annexes

## Glossaire des Termes Boursiers

**Actions (stocks)** : Titres de propriété représentant une fraction du capital d'une entreprise. Les détenteurs d'actions ont droit à une part des bénéfices et, généralement, à un droit de vote lors des assemblées générales.

**Analyse fondamentale (fundamental analysis)** : Méthode d'évaluation d'un titre basée sur les données économiques, financières et autres facteurs qualitatifs et quantitatifs liés à l'entreprise.

**Analyse technique (technical analysis)** : Méthode d'évaluation d'un titre basée sur l'étude des statistiques de marché passées, principalement les prix et les volumes de transactions.

**Bénéfice par action (BPA ou EPS - Earnings Per Share)** : Montant du bénéfice attribuable à chaque action ordinaire en circulation d'une entreprise.

**Bourse (stock exchange)** : Marché organisé où s'achètent et se vendent des titres financiers comme les actions, les obligations et les produits dérivés.

**Capitalisation boursière (market capitalization)** : Valeur totale de marché des actions en circulation d'une entreprise, calculée en multipliant le prix de l'action par le nombre d'actions en circulation.

**Courtier (broker)** : Intermédiaire financier qui exécute les ordres d'achat et de vente de titres pour le compte d'investisseurs.

**Dividende (dividend)** : Part des bénéfices d'une entreprise distribuée aux actionnaires, généralement sous forme de paiements en espèces.

**ETF (Exchange-Traded Fund)** : Fonds d'investissement coté en bourse qui suit la performance d'un indice spécifique et se négocie comme une action.

**Liquidité (liquidity)** : Facilité avec laquelle un actif peut être acheté ou vendu sur le marché sans affecter significativement son prix.

## Annexes

**Ordre au marché (market order) :** Instruction donnée à un courtier d'acheter ou de vendre un titre immédiatement au meilleur prix disponible.

**Ordre limité (limit order) :** Instruction donnée à un courtier d'acheter ou de vendre un titre à un prix spécifique ou meilleur.

**PER (Price-Earnings Ratio) :** Ratio de valorisation d'une entreprise, calculé en divisant le prix de l'action par le bénéfice par action.

**RSI (Relative Strength Index) :** Indicateur technique utilisé pour évaluer la force ou la faiblesse d'un titre en comparant les gains et les pertes récents sur une période donnée.

**Stop-loss :** Ordre placé auprès d'un courtier pour vendre un titre lorsque son prix atteint un certain niveau, afin de limiter les pertes potentielles.

**Taux de change (exchange rate) :** Taux auquel une devise peut être échangée contre une autre.

**Volatilité (volatility) :** Mesure de la variation des prix d'un titre ou d'un marché au fil du temps. Une forte volatilité signifie que les prix peuvent changer rapidement et de manière imprévisible.

**Obligation (bond) :** Instrument de dette émis par une entreprise ou un gouvernement pour lever des fonds. Les détenteurs d'obligations reçoivent des paiements d'intérêts réguliers et le remboursement du capital à l'échéance.

**Fonds commun de placement (mutual fund) :** Portefeuille de titres géré professionnellement, constitué de contributions de nombreux investisseurs, offrant diversification et gestion active.

**Indice boursier (stock index) :** Mesure de la performance d'un groupe spécifique de titres, représentant un secteur ou l'ensemble du marché boursier.

**Moyenne mobile (moving average) :** Indicateur technique qui lisse les données de prix en créant une moyenne continue sur une période spécifique, utilisée pour identifier les tendances directionnelles.

**Figure chartiste (chart pattern) :** Formations visuelles sur un graphique des prix d'un titre qui peuvent indiquer une continuation ou un renversement de tendance, telles que les triangles, têtes-épaules et double tops/bottoms.

**MACD (Moving Average Convergence Divergence) :** Indicateur technique utilisé pour identifier les changements dans la force, la direction, l'élan et la durée d'une tendance dans le prix d'un titre.

**Expansion (expansion) :** Phase du cycle économique caractérisée par une croissance économique, une augmentation de la production et des revenus, et une hausse des marchés boursiers.

**Contraction (contraction) :** Phase du cycle économique marquée par un ralentissement économique, une diminution des revenus et de la production, et une baisse des marchés boursiers.

**Pic (peak) :** Point culminant d'une phase d'expansion économique avant le début d'une contraction.

**Creux (trough) :** Point le plus bas d'une phase de contraction économique avant le début d'une nouvelle expansion.

**ISR (Investissement Socialement Responsable) :** Stratégie d'investissement qui prend en compte des critères environnementaux, sociaux et de gouvernance (ESG) en plus des critères financiers.

**Trading algorithmique :** Utilisation de programmes informatiques pour exécuter des transactions boursières en fonction d'un ensemble prédéfini de règles et de conditions.

**Forex (Foreign Exchange) :** Marché décentralisé où les devises sont échangées de gré à gré, avec des taux de change déterminés par l'offre et la demande sur le marché mondial.

**Pairs de devises (currency pairs) :** Deux devises négociées sur le marché des changes, la première étant la devise de base et la seconde la devise de cotation.

**Heures de trading du Forex (Forex trading hours) :** Période pendant laquelle le marché des changes est ouvert, fonctionnant 24 heures sur 24, cinq jours par semaine, couvrant les sessions de Tokyo, Londres et New York.

## Tableaux de Références Rapides

### 1. Ratios Financiers

| Ratio | Formule | Description |
|---|---|---|
| PER (Price-Earnings Ratio) | Prix de l'action / Bénéfice par action (BPA) | Évalue la valorisation d'une entreprise en comparant le prix de l'action à son bénéfice annuel. |
| ROE (Return on Equity) | Bénéfice net / Capitaux propres | Mesure la rentabilité des capitaux propres investis par les actionnaires. |
| ROA (Return on Assets) | Bénéfice net / Total des actifs | Indique l'efficacité avec laquelle une entreprise utilise ses actifs pour générer des bénéfices. |
| Ratio de liquidité courante | Actifs courants / Passifs courants | Évalue la capacité d'une entreprise à couvrir ses obligations à court terme avec ses actifs courants. |
| Ratio de liquidité rapide | (Actifs courants - Stocks) / Passifs courants | Similaire au ratio de liquidité courante, mais exclut les stocks des actifs courants. |
| Ratio d'endettement | Total des dettes / Total des actifs | Mesure la proportion des actifs financés par la dette. |
| Marge bénéficiaire nette | Bénéfice net / Chiffre d'affaires | Indique la part des revenus restant après toutes les dépenses. |
| Marge brute | (Chiffre d'affaires - Coût des ventes) / Chiffre d'affaires | Montre le pourcentage des revenus qui dépasse le coût des ventes. |

## 2. Figures Chartistes

| Figure | Description |
|---|---|
| Triangle Symétrique | Formation de continuation où le prix se contracte en formant des sommets et des creux convergents. |
| Triangle Ascendant | Formation haussière où le prix forme des sommets horizontaux et des creux ascendants. |
| Triangle Descendant | Formation baissière où le prix forme des sommets descendants et des creux horizontaux. |
| Tête et Épaules | Formation de renversement caractérisée par trois sommets, le plus haut étant au milieu. |
| Double Top | Formation de renversement haussière avec deux sommets de hauteur similaire, signalant une possible baisse. |
| Double Bottom | Formation de renversement baissière avec deux creux de profondeur similaire, signalant une possible hausse. |
| Drapeau (Flag) | Formation de continuation où le prix se déplace latéralement dans un canal étroit après une forte tendance. |
| Fanion (Pennant) | Formation de continuation semblable au drapeau, mais avec des lignes de tendance convergentes. |

# Annexes

## 3. Indicateurs Techniques

| Indicateur | Description |
|---|---|
| RSI (Relative Strength Index) | Mesure la vitesse et le changement des mouvements de prix. Un RSI >70 est considéré comme suracheté et <30 comme survendu. |
| MACD (Moving Average Convergence Divergence) | Indicateur de tendance qui montre la relation entre deux moyennes mobiles de prix. Comprend une ligne MACD, une ligne de signal et un histogramme. |
| Moyennes Mobiles | Utilisées pour lisser les données de prix afin de les rendre plus faciles à analyser. Comprend les moyennes mobiles simples (SMA) et exponentielles (EMA). |

## 4. Horaires de Trading du Forex

| Session | Heures d'Ouverture (GMT) | Heures de Clôture (GMT) |
|---|---|---|
| Sydney | 22:00 | 06:00 |
| Tokyo | 00:00 | 09:00 |
| Londres | 08:00 | 17:00 |
| New York | 13:00 | 22:00 |

## Bibliographie et Ressources Supplémentaires

### Livres Recommandés

1. *"The Intelligent Investor"* par Benjamin Graham
   - Un classique de l'investissement, recommandé par Warren Buffett, qui couvre les principes de l'investissement de valeur.
2. *"A Random Walk Down Wall Street"* par Burton G. Malkiel
   - Un guide complet sur la théorie des marchés efficients et l'investissement passif.
3. *"Technical Analysis of the Financial Markets"* par John J. Murphy
   - Une référence incontournable pour l'analyse technique, couvrant les concepts, les outils et les techniques utilisés par les traders.
4. *"Security Analysis"* par Benjamin Graham et David Dodd
   - Un ouvrage détaillé sur l'analyse fondamentale, écrit par les pionniers de l'investissement de valeur.
5. *"One Up On Wall Street"* par Peter Lynch
   - Des conseils pratiques sur la manière d'identifier les opportunités d'investissement sur le marché des actions.
6. *"Market Wizards"* par Jack D. Schwager
   - Des entretiens avec certains des traders les plus performants du monde, offrant des insights sur leurs stratégies et leur mentalité.

Sites Web et Blogs Financiers

1. **Investopedia** ([www.investopedia.com](www.investopedia.com))
   - Une ressource exhaustive pour apprendre les concepts de base et avancés en finance et en investissement.
2. **Yahoo Finance** (finance.yahoo.com)
   - Un site populaire pour suivre les actualités financières, les cours des actions et les analyses de marché.
3. **Bloomberg** ([www.bloomberg.com](www.bloomberg.com))
   - Offre des nouvelles financières, des données de marché et des analyses approfondies.
4. **Seeking Alpha** ([www.seekingalpha.com](www.seekingalpha.com))
   - Une plateforme où les investisseurs peuvent publier et lire des analyses et des opinions sur les actions et les marchés.
5. **Morningstar** ([www.morningstar.com](www.morningstar.com))
   - Fournit des recherches sur les fonds communs de placement, les ETFs et les actions, ainsi que des analyses de marché.

# Annexes

## Logiciels et Applications

1. **MetaTrader 4/5**
   - Plateformes de trading populaires offrant des outils d'analyse technique avancés, des graphiques interactifs et des capacités de trading automatisé.
2. **TradingView**
   - Une application de charting et d'analyse technique avec une communauté active de traders partageant leurs idées et analyses.
3. **Thinkorswim**
   - Une plateforme de trading avancée avec des outils de simulation de trading et des ressources éducatives.
4. **Yahoo Finance App**
   - Application mobile pour suivre les cours des actions, lire les nouvelles financières et gérer des portefeuilles virtuels.

## Publications Financières

1. **The Wall Street Journal**
   - Une des publications les plus respectées pour les nouvelles financières, les analyses de marché et les opinions d'experts.
2. **Financial Times**
   - Offrant des nouvelles internationales, des analyses de marché et des commentaires sur les tendances économiques et financières.
3. **Barron's**
   - Une publication hebdomadaire fournissant des analyses de marché approfondies, des prévisions économiques et des recommandations d'investissement.

## Communautés et Forums d'Investisseurs

1. **Reddit (r/investing, r/stocks, r/forex)**

- Des sous-forums actifs où les investisseurs partagent des idées, posent des questions et discutent des tendances du marché.
2. **StockTwits**
    - Une plateforme de médias sociaux pour les traders et les investisseurs, permettant de suivre et de partager des idées de trading en temps réel.
3. **Investopedia's Simulator**
    - Un outil éducatif permettant de simuler le trading sur les marchés financiers sans risquer de l'argent réel.

## Index

### A

- **Actions, 8-10**
    - Définition, 8
    - Types, 9
    - Risques et avantages, 9-10
- **Analyse fondamentale, 60-66**
    - Définition et principes de base, 60-61
    - États financiers, 61-62
    - Ratios financiers, 62-63
    - Analyse sectorielle et économique, 63-64
    - Étude de cas, 64-66
- **Analyse technique, 50-57**
    - Définition et principes de base, 50-51
    - Graphiques, 51-52
    - Indicateurs techniques courants, 52-54
    - Figures chartistes, 54-56
    - Stratégies de trading, 56-57

### B

- **Biais psychologiques, 90-91**
    - Effet de disposition, 90
    - Biais de confirmation, 90-91
- **Bourse, 5-30**
    - Qu'est-ce que la bourse?, 7-9
    - Histoire de la bourse, 10-14
    - Principaux marchés boursiers, 14-17
    - Acteurs de la bourse, 17-20

## Annexes

**C**

- Courtiers, 26-27, 102-104

**D**

- Diversification, 79-80

**E**

- ETFs (Exchange-Traded Funds), 23-24
- Études de cas, 120-124
    - Investissements réussis, 120-121
    - Erreurs courantes, 121-122
    - Crises boursières historiques, 122-123
    - Leçons des grands traders, 123-124

**F**

- Facteurs influençant les taux de change, 48-50
- Fonds communs de placement, 21-22
- Forex, 31-50
    - Qu'est-ce que le Forex?, 32-34
    - Principales paires de devises, 34-36
    - Heures de trading, 36-38
    - Fonctionnement des taux de change, 38-40

**G**

- Gestion du risque, 80-82
    - Stop-loss, 80-81
    - Take-profit, 81
    - Gestion du capital, 81-82

**I**

- Indicateurs techniques, 52-54
    - RSI, 52-53
    - MACD, 53
    - Moyennes mobiles, 53-54
- Indices boursiers, 44-47
    - Rôle, 45-47
    - Cycle de marché, 47

## L

- Liquidité, 43-44

## M

- Marchés boursiers, 14-17
- Moyennes mobiles, 53-54

## O

- Obligations, 18-20
- Options et dérivés, 24-26
- Ordres de bourse, 41-43
  - Ordres au marché, 41-42
  - Ordres limités, 42
  - Ordres stop, 42-43

## P

- Plateformes de trading, 101-102
- Psychologie du trading, 90-94
  - Biais psychologiques, 90-91
  - Discipline et patience, 91-92
  - Gestion des émotions, 92-93
  - Mentalité gagnante, 93-94

## R

- Ratios financiers, 62-63
  - PER, 62
  - ROE, 62
  - ROA, 62-63

## S

- Stratégies de diversification, 79-80
- Stratégies de trading, 56-57
- Suivi des marchés, 104-106

## T

- Taux de change, 38-40
- Trading algorithmique, 83-85

## Annexes

**V**

- Volatilité, 43-44

**Annexes**

- Glossaire des termes boursiers, 130-135
- Tableaux de références rapides, 136-140
- Bibliographie et ressources supplémentaires, 141-145

# Notes

# Notes

# Notes

## Notes

# Notes

# Notes

# Notes

## Notes

www.ingramcontent.com/pod-product-compliance
Lightning Source LLC
Chambersburg PA
CBHW031621210526
45464CB00004B/1693